Ulrich Rühle

Die Jugend großer Komponisten

Ulrich Rühle wurde 1940 in Chemnitz (Sachsen) geboren. Nach dem Abitur arbeitete er für den Südwestfunk, heute ist er Mitarbeiter verschiedener Musikzeitschriften. Rühle studierte Musik, Musikwissenschaft und Germanistik in Freiburg und Heidelberg. Seit 1970 ist er Lehrer für Musik und Deutsch. Er hat auch Erfahrung in der Theaterarbeit mit Jugendlichen. Er lebt mit seiner Familie in Emmendingen bei Freiburg. Der Text zu diesem Buch entstand auf Anregung seiner Schüler.

Ulrich Rühle

Die Jugend großer Komponisten

Wie sie wurden, was sie waren

Bach, Haydn, Schubert, Chopin, Prokofjew, Gershwin, Orff

Mit Bilddokumenten

Deutscher
Taschenbuch
Verlag

dtv

Originalausgabe
September 1983
7. Auflage April 1991

Umschlaggestaltung: Celestino Piatti
Umschlagbild: Ingrid Kellner
Gesetzt aus der Aldus 10/11·
Gesamtherstellung: Kösel, Kempten
Printed in Germany · ISBN 3-423-70011-4

Inhaltsverzeichnis

Warum dieses Buch geschrieben wurde

Der Autor dieser Erzählungen ist Musik- und Deutschlehrer eines Gymnasiums, und er kennt seine Schüler.

In seinem Unterricht hat er erfahren, daß es junge Menschen oft schwer haben, ein Verhältnis zur klassischen Musik zu bekommen, und daß die Interpretation musikalischer Vorgänge als Hinführung nicht ausreicht. Wer Musik hört, möchte etwas wissen über die Menschen, die hinter ihr stehen, über die Komponisten, die die Musik schufen.

Wie sahen Jugend und Lebensweg der großen Komponisten aus? In welcher Zeit haben sie gelebt? Wie wird man überhaupt Komponist? Und warum klingt Franz Schuberts Musik anders als die von Carl Orff oder George Gershwin? Solche Fragen verlangen Antworten, die nicht in einer Minute gegeben werden können.

Deshalb erzählt Ulrich Rühle in diesem Buch vom Leben sieben großer Komponisten aus Vergangenheit und Gegenwart. Er gibt vor allem ein anschauliches Bild von ihrer Kindheit und Jugend, von ihrem Familienleben in ihrem engeren und weiteren sozialen Umfeld, von ihrer Epoche und deren Musikverständnis. Und nicht zuletzt auch etwas von dem Land, in dem die jungen, musikbesessenen Leute aufgewachsen sind.

Mit dem, was der Autor berichtet, können sich junge Leser auseinandersetzen. Sie bekommen eine Vorstellung von den Schwierigkeiten, die die Großen, als sie noch klein waren, meistern mußten, und sie begreifen vielleicht auch etwas von der Liebe und Hingabe zur Musik, die diese früh Begabten zu vielen Opfern bereit machte.

Die Erzählungen gliedern sich stets gleich: Sie beginnen mit der Schilderung der Kindheit und Jugend und enden mit einem zusammenfassenden Bericht über den Weg der musikalischen Reife bis hin zum manchmal frühen Tod.

Über Kindheit und Jugend von Komponisten aus früheren Epochen gibt es nur wenige sichere Berichte. Musikwissenschaftler interessierten sich lange Zeit nur für die Jahre des reifen musikalischen Schaffens; Kindheit und Jugend der Großen waren ihnen von geringerer Bedeutung. Als man sich schließlich auch mit den Lebensumständen der Kindheit zu beschäftigen begann, waren viele Spuren bereits verwischt, hingegen rankte eine Fülle von Anekdoten um spärliches Wissen. In solchen Fällen – bei uns handelt es sich in erster Linie um die Kindheit von Bach – hat Ulrich Rühle zu schildern versucht, wie manche Begebenheit gewesen sein könnte.

Er hat für dieses Buch Komponisten ausgewählt, die jeweils für eine bestimmte Zeitepoche und damit für einen bestimmten Musikstil, aber auch für ein bestimmtes Land charakteristisch sind. So kam es zu folgender Auswahl:

Johann Sebastian Bach, ein deutscher Komponist, gehört der Barockzeit an.

Joseph Haydn steht stellvertretend für die Klassik. Schauplatz: die Donaumonarchie mit ihren großen fürstlichen Mäzenen.

Franz Schubert repräsentiert eine Zeitenwende: das Biedermeier nämlich, in dem sich der Bürger selbstbewußt als Kulturträger neben den Adeligen stellt. Musikalisch die Zeit des Übergangs von der Klassik zur Romantik.

Frédéric Chopin, Romantiker, vertritt musikalisch ebenso sein geliebtes Heimatland Polen wie die damals in der Musik tonangebende Hauptstadt Frankreichs, Paris.

Sergei Prokofjew, Schöpfer der allen Kindern bekannten Märchenvertonung ›Peter und der Wolf‹, steht indes für die musikalische Entwicklung Rußlands in der ersten Hälfte des 20. Jahrhunderts.

George Gershwin, der von russischen Eltern abstammende gebürtige Amerikaner, verschmilzt zum ersten Mal europäische Musik mit dem Jazz der Schwarzen der Vereinigten Staaten Amerikas. Mit seiner ›Rhapsody in Blue‹ schafft er den Durchbruch.

Die unmittelbare Gegenwart jedoch wird in diesem Buch von Carl Orff vertreten. Mit seinem Schulwerk hat er so viele Kinder zur Musik geführt, wie es kaum je zuvor geschehen ist.

Sieben Vertreter bestimmter Zeitepochen und Länder also, in deren Kindheit und Jugend die Musik die wichtigste Rolle spielte. Ob es sich da um die wohlhabenden Familien von Chopin, Orff und Prokofjew handelt oder um die bitter armen von Bach, Haydn, Schubert und Gershwin: bei allen Kindern wurde das musikalische Talent erkannt und gefördert, oft auch ausgenutzt. Bei Gershwin allerdings verlief die musikalische Ausbildung überraschend und ungewöhnlich, wie man später nachlesen kann. Leicht hatte es keiner von allen, ob arm oder reich – eine ungewöhnliche Begabung nämlich erzwingt sich auch einen ungewöhnlichen Entwicklungsweg; diese jungen Menschen haben alles auf eine Karte gesetzt, sie sind ein menschliches Risiko ohne Gewähr auf Erfolg eingegangen. Das zeigt sich bei allen sieben Komponistenschicksalen, zu denen es keine Alternative gab.

Wenn sich allein dies den jungen Lesern mitteilt, dann hat das Buch schon zum Verständnis dieser großen Komponisten beigetragen.

Anfang und Ende aller Musik

Es sollte einer der seltsamsten Wettkämpfe werden, die jemals stattgefunden haben. 1707 war der damals berühmteste Orgelspieler und Cembalist Frankreichs, Hoforganist Jean Louis Marchand, beim französischen König Ludwig dem Vierzehnten in Ungnade gefallen. Er wandte sich deshalb an den Dresdner Fürstenhof des kunstsinnigen August des Zweiten, wo französische Lebensart hochgeschätzt war. Hier wurde Marchand mit seiner französischen Musik von der höfischen Gesellschaft vergöttert und als größter lebender Orgelvirtuose gefeiert.

Der Konzertmeister bei Hofe, Baptist Volumier, selbst Franzose, ärgerte sich darüber maßlos. Er kannte nämlich einen deutschen Musiker, der mit seiner Kunst ohne Zweifel Marchand weit überlegen war. Was eignete sich besser, auch die Hofgesellschaft davon zu überzeugen, als ein musikalischer Wettstreit zwischen dem Deutschen und dem Franzosen? Die beiden Musiker waren einverstanden, gegeneinander anzutreten, und kamen überein, sich an Orgel und Cembalo jeder Aufgabe zu unterziehen, die sie sich gegenseitig stellen würden. Das Musikwettspiel sollte im Konzertsaal des Ministerpräsidenten Graf Flemming stattfinden.

Der deutsche Musiker war schon einige Tage vor dem großen Zusammentreffen von Weimar nach Dresden gekommen, um sich an Ort und Stelle genügend darauf vorzubereiten. Täglich übte er mehrere Stunden auf beiden Instrumenten.

Jean Louis Marchand hörte von den Vorbereitungen seines Gegners und meinte prahlerisch: »Der scheint sich seiner Sache wenig sicher zu sein, wenn er jetzt noch üben muß. Das habe ich nicht nötig. Ich werde auch so gewinnen.«

Und um zu zeigen, wie sehr er von seiner Überlegenheit

überzeugt war, rührte er während dieser Zeit keine Taste an. Am Abend vor dem großen Wettkampf schlich sich der neugierige Marchand in die Kirche, um seinen Gegner beim Üben zu belauschen. Er setzte sich in die hinterste Kirchenbank. Was er da zu hören bekommt, ist überwältigend. Bewundernd lauscht er den mächtigen Orgelklängen.

Je länger er zuhört, desto mehr erschrickt er aber auch, wenn er daran denkt, was er dem entgegensetzen kann.

Am nächsten Tag zur festgesetzten Zeit füllt eine glanzvolle Gesellschaft den prunkvollen, mit Kerzen erleuchteten Saal. Zwei weißgoldene Cembali stehen mit aufgeschlagenen Deckeln in der Mitte des Raumes. Lediglich die beiden Künstler fehlen noch. Die Spannung steigt. Genau mit dem Glockenschlag erscheint der Deutsche, ein stattlicher Mann mit Beinkleidern und weißer Perücke, verneigt sich und nimmt an einem der Cembali Platz. Nun fehlt nur noch der Franzose. Aber er kommt nicht.

Die Gesellschaft wird unruhig. Schließlich schickt man einen Boten, um Marchand zu holen. Wenig später erfährt man: Monsieur Marchand hat in der Frühe mit der Schnellpost Dresden verlassen, ohne den Grund für seine Abreise anzugeben. Wir wissen, warum. Beim Zuhören am Abend zuvor ist ihm klar geworden: den besiegst du nie. Gegen ihn anzutreten, hieße, sich vor der Hofgesellschaft nur lächerlich zu machen.

Als der Deutsche hört, daß sein Gegner zum Wettkampf nicht antritt, greift er in die Tasten und spielt zwei volle Stunden lang ohne Unterbrechung. Die Zuhörer lauschen gebannt dem meisterlichen Spiel. Als er geendet hat, bricht ein Beifallssturm ohnegleichen los. Marchand ist vergessen, und alle Anwesenden sind sich einig, der hier gespielt hat, ist der Größte. Es ist

JOHANN SEBASTIAN BACH.

Dieses Ereignis verbreitete sich wie ein Lauffeuer.

»Der Bach ist ein Genie«, sagten die Leute. »Solch einen Musiker gibt es nicht alle Tage.«

Aber Johann Sebastian winkte dann stets ab und erwiderte: »Ich habe fleißig sein müssen. Wer ebenso fleißig ist, der wird es ebenso weit bringen können.«

Johann Sebastian hat wirklich fleißig sein müssen. Ihm ist nichts in den Schoß gefallen. Er hat es als Kind nicht leicht gehabt.

Sein Vater, Johann Ambrosius, stand am 21. März 1685 am Bett seiner Frau Elisabeth, die gerade das achte Kind geboren hatte.

»Wie sollen wir es nennen, Ambrosius?« fragte ihn seine Frau. »Mit erstem Namen Johann, das steht fest, denn alle meine Vorfahren hießen so. Aber wie weiter?«

»Ich möchte gern, daß er Sebastian heißt«, sagte die Mutter. Der Vater war zuerst gar nicht begeistert. Den Namen eines Märtyrers? Schließlich willigte er ein, da seine Frau ihn so sehr darum bat. Also wurde das Kind auf den Namen Johann Sebastian getauft.

Vom ersten Tage seines Lebens an war Johann Sebastian von Musik umgeben. Vater Ambrosius entstammte einer Familie, die seit neun Generationen Musiker hervorgebracht hatte. Er selbst war Türmer und Stadtmusikus der Stadt Eisenach und bildete Gesellen und Lehrlinge zu Musikern aus. Da Ambrosius die Musik für eine ernste Sache hielt, gab es oft harte Worte, denn er wollte nicht, daß seine Schüler »Bierfiedler« würden, sondern rechte Musiker.

Am wenigsten Mühe hatte Ambrosius mit den eigenen Kindern. Vier seiner sechs Söhne waren am Leben geblieben. Der älteste, Johann Christoph, war bereits als Organist in Ohrdruf angestellt. Die Kinder daheim spielten alle »ehrliche Instrumente« – also nicht solche wie Triangel oder Dudelsack, »die jeder spielen kann«. Johann Sebastian, der jüngste, stellte die älteren Geschwister mit seiner großen Begabung in den Schatten. Der Vater brauchte den Jungen gar nicht zu unterrichten. Er lernte von allein. Wenn Ambrosius Geige übte, schaute ihm der Kleine inter-

Das Geburtshaus in Eisenach, im heutigen Zustand

essiert zu. Dann klemmte er seine kleine Violine unters Kinn – Instrumente gabs im Hause Bach genug – und versuchte, das Gehörte nachzuspielen. Als seine Finger größer wurden, übte er auch auf der Bratsche.

Eines Tages hörte der Vater im Wohnzimmer Clavichord spielen. ›Welcher Geselle erdreistet sich da, in meinem Wohnzimmer zu üben?‹ dachte er.

Als er aber die Tür öffnete, saß der kleine Sebastian am Instrument, ganz in sein Spiel vertieft.

»Nanu, Junge«, rief Ambrosius verwundert, »wer hat dir denn das Spielen auf dem Clavichord beigebracht?«

Da schaute Sebastian erstaunt zum Vater empor und antwortete: »Das Tastenschlagen muß man doch nicht lernen. Bei der Geige, Vater, muß ich die Töne erst suchen, aber hier sind sie doch schon alle da. Ich muß nur die richtigen Tasten zur rechten Zeit hinunterdrücken. So und so.«

Und während er das sagte, entstand ein kleines Lied.

»Alle Achtung, Sebastian«, rief Ambrosius verwundert aus. »Wir werden uns später darüber unterhalten. Jetzt mußt du laufen, die Kurrendebuben lärmen schon draußen. Sie warten auf dich.«

Diese Singknaben zogen dreimal in der Woche durch die Straßen Eisenachs, sangen vor Bürgerhäusern geistliche Lieder und erhielten dafür kleine Gaben. Die Jungen trugen lange schwarze Mäntel und auf den Köpfen zylindrische Hüte. Sebastian war ausnahmsweise schon vor Beginn seiner Schulzeit zur Kurrende zugelassen worden, weil er eine so wunderbar klare und reine Stimme hatte. Die Großen schoben ihn jedesmal beim Singen in die vorderste Reihe, damit man den kleinen Kerl auch sehen konnte und hörte, wie schön er sang. Jedesmal waren die Zuhörer entzückt von dem pausbäckigen Knirps und gaben gern etwas mehr Geld, als sie ursprünglich vorgesehen hatten.

Natürlich war Musik auch Sebastians Lieblingsfach in der Schule. Ansonsten war er in den ersten Schuljahren nicht gerade ein Musterschüler. In einem einzigen Jahr soll er einmal 103 halbe Schultage versäumt haben. Halbe Tage deshalb, weil früh von sechs bis neun Uhr und nachmittags von ein bis drei Uhr Unterricht stattfand. Außerdem mußten die Jungen sonntags in der Kirche singen. Dort fehlte der kleine Sebastian freilich nie. Er war der eifrigste und beste Sänger aller vierhundert Schüler. Das ständige Proben der Kirchengesänge – von den anderen als langweilig oder stumpfsinnig empfunden – machte Sebastian großen Spaß. Er vermochte seine Chorstimme nach einmaligem Hören fehlerlos nachzusingen und sogar einen noch nie gehörten Choral zu Ende zu bringen, »weil er voraushörte, wie es abklingen mußte.«

Der größte Wunsch des kleinen Sebastian war, im Eisenacher ›chorus symphoniacus‹ mitsingen zu dürfen. Den leitete sein Onkel Christoph, ein etwas rauher Geselle. Er schimpfte wie ein Rohrspatz, wenn der Chor nicht so sang, wie er es sich vorstellte. Denn er war voller Ehrgeiz, besonders wenn es um seine eigenen Werke ging. Der achtjährige Sebastian wurde an vorderster Stelle in den Sopran eingereiht. Schon bald bekam er vom Oheim die Soli übertragen, und wenn in den Stücken schwierige Stellen vorkamen, mußte er sie den anderen vorsingen.

Der Onkel hatte die ungewöhnliche Begabung Sebastians sofort erkannt, und als der Junge ihn eines Tages nach der Chorprobe fragte, ob er bei ihm das Orgelspiel erlernen dürfe, knurrte er nur: »Meinetwegen.«

Sebastian stürmte nach Hause. Endlich durfte er Orgel spielen! Die Orgel war nämlich für ihn das allerschönste Instrument. Er stürzte ins Zimmer und rief: »Vater, der Oheim will mir Orgelunterricht geben.«

»Was? Orgelunterricht? Vom Oheim? Das kommt nicht in Frage«, antwortete der Vater.

»Aber warum denn nicht?« wollte Sebastian wissen.

»Du machst schon viel zuviel Musik, und außerdem sind deine Beine noch zu kurz, um an die Pedale reichen zu können«, erläuterte der Vater sein Verbot.

»Aber ich kann doch erst mal Stücke spielen, bei denen man kein Pedal braucht«, rief Sebastian.

Nun bat auch die Mutter, Sebastian doch die Orgel schlagen zu lassen, aber der Vater blieb hart. Erst viel später erfuhr Sebastian den wahren Grund für das strikte Verbot. Die beiden Vettern waren seit Jahren miteinander verfeindet.

So blieb Sebastian nur, heimlich zur Kirche hinüberzulaufen. Dann hörte er dem Onkel beim Orgelspiel zu, blätterte um und zog die Register. Anschließend durfte er sich dann doch auf die Orgelbank setzen und unter Anleitung des Onkels selbst ein wenig probieren.

Je öfter es Sebastian versuchte, desto größer wurde seine Liebe zu diesem Instrument. Was man mit der Orgel alles machen konnte! Mit Hilfe der gezogenen Register konnte die Orgel plötzlich klingen wie Vogelgezwitscher oder wie Flötenspiel, wie eine Singstimme, wie Trompete, Schalmei oder Oboe. Der Achtjährige ergriff jede Gelegenheit, die sich ihm bot, um an der Orgel zu sitzen, und wenn es nur für ein paar Minuten war.

Bald trat er dazu die Pedaltöne mit seinen zu kurzen Beinen in der Luft mit. In seinem inneren Ohr hörte Sebastian die einzelnen Töne, die seine Beine zwar traten, aber noch nicht erzeugen konnten. Er hörte sie so genau, daß er eines Tages den Onkel fragte, der ihn beim Spiel überraschte: »Onkel Christoph, war der Baß richtig?«

Der Onkel schaute Sebastian verwundert an und lachte: »Was man nicht spielt, kann weder richtig noch falsch sein.«

»Aber Onkel, hör doch mal zu!« sagte der kleine Organist ungehalten, und er rutschte ganz nach vorn auf die Kante der Orgelbank, so daß er kaum mehr saß. Zum ersten Male in seinem Leben reichten die Spitzen seiner Zehen zu den Holztasten hinab. Und nun trat er tatsächlich die innerlich gehörten, aber bisher nie wirklich gespielten Töne. Als Sebastian den Choral zu Ende gespielt hatte, fragte er aufgeregt: »Hast du zugehört? War alles richtig?«

Der Onkel nickte: »Wie könntest du in der Musik einen Fehler machen!«

In dieser Zeit wurde Sebastians Mutter krank. Das war schlimm für die Familie, denn wer sollte sich jetzt um den Haushalt und die Kinder kümmern? Und ihnen abends Geschichten erzählen? Das tat die Mutter immer, wenn es dunkel wurde, und bei dem trüben Kerzenlicht die Tagesarbeit ruhen mußte. Am liebsten hörten die Kinder Sagen und Legenden, die sich um die alte majestätische Wartburg rankten, die hoch im Wald über Eisenach lag. Täglich hatten sie ja die Wartburg vor Augen, und so konnten sie sich alles genau vorstellen und ausmalen: die Legende von Elisabeth, Mutters Schutzpatronin, die Rittergeschichten und die Sage von Martin Luther, der dort oben die Bibel ins Deutsche übersetzt und sein Tintenfaß nach dem Teufel geworfen hatte. Am liebsten aber hörte Sebastian die Geschichte vom Sängerkrieg auf der Wartburg.

›Schade‹, dachte Sebastian, ›daß es einen solchen Sängerwettstreit heute nicht mehr gibt. Ganz sicher wäre ich auch dabei.‹

Im Mai 1694, Sebastian ist gerade neun Jahre alt, stirbt die Mutter. Obwohl Johann Sebastian der Jüngste ist, versteht er es am besten, dem Vater in dieser schwierigen Situation beizustehen. Er übernimmt selbständig mancherlei Aufgaben und Verantwortung. Aber für viele Dinge ist Sebastian einfach noch zu klein. Der Vater ist sich im klaren darüber, daß eine neue Mutter ins Haus gehört. Er findet sie schon ein halbes Jahr später in der Frau seines verstorbenen Zwillingsbruders. Die Hochzeit wird in aller Stille abgehalten, denn das Trauerjahr ist noch nicht zu Ende, und vorher durfte keine öffentliche Hochzeit gefeiert werden. Die neue Mutter, Barbara Margarete Keul, ist eine tatkräftige und resolute Frau, mit der sich Sebastian nicht sehr gut versteht. Er vermißt den Frohsinn und die Zärtlichkeit seiner eigenen Mutter. Bald nach der Hochzeit wird der Vater ernstlich krank. Und Ende Februar schon stirbt der Stadtmusikus und Türmer Johann Ambrosius Bach. Ein Jahr nach der Mutter verliert Sebastian nun auch noch den Vater. An wen soll sich der Zehnjährige jetzt mit seinen Sorgen und Fragen wenden? Die neue Mutter ist an Musik völlig uninteressiert.

Wenige Tage später ist die öffentliche Totenfeier. Da Ambrosius in Eisenach verehrt und beliebt war, ist die Kirche bis auf den letzten Platz gefüllt. Als die Stiefmutter mit Sebastian an der rechten und ihrer eigenen Tochter Christiane an der linken Hand in die Kirche kommt, reißt sich Sebastian von der Hand der neuen Mutter los. Ohne sich um das Aufsehen zu kümmern, das er damit erregt, rennt er die Treppe zur Empore hinauf. Die Mutter ruft ihm nach, er solle sich gefälligst vorne in die erste Reihe zu den Anverwandten setzen. Aber Sebastian zeigt nur nach oben.

Dem erstaunten Onkel an der Orgel erklärt er: »Ich möchte ein letztes Mal für meinen Vater singen.«

Seine Stimme klingt in der Motette des Onkels an diesem Tag bewegter und schöner als je zuvor: »Er gefällt Gott wohl und ist ihm lieb, und er wird weggenommen aus dem Leben.«

Nun beginnt eine schwere Zeit für die Stiefmutter und die Kinder. Zu dem Schmerz über den verlorenen Mann und Vater kommt auch noch die große Geldnot. Die Krankheit mit ihren Arzt- und Apothekerkosten hatte viel Geld verschlungen. Die Schuldenlast ist groß. Wovon sollen sie jetzt leben? Es gibt nur einen Ausweg: Haus, Möbel und die wertvollen Instrumente müssen verkauft und die Kinder weggegeben werden. Nur ein Kind ihres jüngst verstorbenen Mannes, die fünfzehnjährige Tochter Johanna Juditha, behält die Stiefmutter bei sich.

Johann Jakob und Sebastian aber werden von dem ältesten Bruder Johann Christoph mit nach Ohrdruf genommen, einem kleinen thüringischen Städtchen. Dort ist Johann Christoph schon seit einiger Zeit Organist. Seine Einkünfte sind sehr gering. Wenn er die jüngeren verwaisten Brüder jetzt dennoch bei sich aufnimmt, hat das zwei Gründe. Einmal verbindet die große Familie Bach, die über ganz Thüringen verstreut ist, ein starker Familiensinn. Sie helfen sich gegenseitig, wo sie nur können. Zum anderen aber kann Sebastian mit seiner schönen Stimme noch etwas zum kargen Lebensunterhalt der Familie beitragen. Die Ohrdrufer Kurrendesänger bekamen nämlich damals beträchtlich mehr Spenden als die in Eisenach, bei denen Sebastian früher gesungen hatte. So verdient der Zehnjährige mit Singen jährlich fast die Hälfte des Organisteneinkommens seines Bruders.

Johann Christoph war ein ernsthafter und strenger Mann. Er schickte Sebastian ins Ohrdrufer Gymnasium, das beste, das es weit und breit gab. Die Leute behaupteten, daß auf dieser Schule die Bauernkinder mehr lernen würden als anderswo die Edelleute. Zumindest war es eine ganz neue Art von Schule für die damalige Zeit. Man unterrichtete weniger Religion, Griechisch und Latein, dafür mehr deutsche Sprache und Naturwissenschaften. Vielleicht war das der Grund, warum plötzlich der früher nur mittelmäßige Schüler Johann Sebastian an die Klassenspitze rückte. Mit dem Musikunterricht war es hier allerdings schlecht bestellt. Kantor Arnold, der Musiklehrer, war ein grantlicher, tyrannischer Mensch, der die Kinder lieber piesackte als ihnen das Singen beizubringen. Kein Wunder, daß er bald als »Pestbeule« von der Schule verwiesen wurde.

So erhielt Sebastian in dieser Zeit den einzigen richtigen Musikunterricht von seinem Bruder. Im Violin- und Bratschenspiel freilich konnte Johann Christoph seinem jüngeren Bruder nichts beibringen.

›Da wird er sich schon selbst forthelfen können‹, dachte der Ältere.

Aber die Tasteninstrumente, die verstand Johann Christoph meisterlich zu spielen. Da konnte er den Bruder schon einiges lehren. Johann Sebastian wollte sofort mit dem Orgelspiel beginnen. Aber das lehnte sein Bruder energisch ab.

»Zuerst mußt du richtig mit beiden Händen auf dem Clavichord spielen können«, sagte er.

»Aber das kann ich doch längst«, erwiderte Sebastian.

»Ohne daß du je Unterricht gehabt hast?« fragte sein Bruder spöttisch.

»Freilich, Christoph, ich zeig dir's.«

Sebastian setzte sich ans Clavichord und spielte ein selbsterdachtes Stück.

»Alle Achtung«, sagte Johann Christoph anerkennend. »Dafür, daß du nie Unterricht erhalten hast, spielst du recht ordentlich.«

»Dann darf ich also mit dem Orgelspiel beginnen?« fragte Sebastian ungeduldig.

Aber sein Bruder schüttelte den Kopf. »Zuerst mußt du einmal lernen, ein Cembalo zu bedienen, denn dieses Instrument ähnelt der Orgel. Komm her, ich zeig' es dir.«

Johann Christoph hatte das Cembalo geöffnet. »Dieses

Instrument heißt auch Kielflügel, weil sein kurzer, scharfer Klang mit Hilfe von Rabenfederkielen erzeugt wird, die die Saite anreißen. Wie die Orgel besitzt es zwei übereinander liegende Tastaturen, die sogenannten Manuale.«

»Weiß ich schon«, rief Sebastian.

»So, so«, sagte der Bruder, »und kannst du mir auch sagen, was mit den Registern hier gemacht wird?«

»Ja doch. Wenn man die zieht, verändert sich die Klangfarbe der Töne, genau wie bei der Orgel. Ich durfte beim Onkel schon oft registrieren.«

»Es ist jedoch ein großer Unterschied, ob du nichts anderes tust, als die Register zu ziehen, oder ob du das während des Spiels tun mußt.«

Sebastian drehte sich trotzig um, setzte sich ans Cembalo und begann einen Choral zu spielen. Geschickt registrierte er jeweils auf dem oberen Manual, um die Lautstärke zu mildern. ›Das kann doch nicht sein‹, dachte der Bruder verwundert. ›Um dieses Instrument so spielen zu können, habe ich monatelang üben müssen.‹

Als Sebastian geendet hatte und erwartungsvoll zu seinem Bruder aufsah, sagte Johann Christoph: »Morgen früh beginnen wir mit dem Unterricht.«

»Auf der Orgel?« fragte Sebastian.

»Noch nicht. Erst wenn du ein guter Cembalist geworden bist, werden wir uns mit der Orgel beschäftigen. Übe fleißig, dann können wir bald damit beginnen.«

Am Üben sollte es gewiß nicht scheitern! Sooft es ging, saß jetzt Sebastian am Instrument und arbeitete. Auch die übermäßige Strenge seines Lehrers nahm ihm nicht die Freude am Üben. Aber oft hätte er am liebsten losgeheult, wenn sein Bruder überhart und ungerecht gegen ihn war. Aber das wagte er nicht, aus Angst, der Bruder könnte den Unterricht abbrechen.

Johann Christoph besaß wie jeder ernsthafte Musiker der damaligen Zeit ein dickes Notenbuch, in das er handschriftlich alle Stücke eintrug, die ihm besonders gut gefielen. Das wurde notwendig, weil Bücher und Noten zu jener Zeit sehr teuer waren. Das Drucken nämlich war damals noch eine langwierige und kostspielige Angelegenheit.

Täglich spielte der große Bruder aus diesem Notenbuch. Johann Sebastian hätte gern auch einmal etwas aus diesem Heft gespielt, denn das waren Kompositionen nach seinem Geschmack! Die Übungsstücke, die ihm der Bruder aufgab, waren so trocken. Er beherrschte sie sofort. Die Tänze und Präludien in diesem Heft aber waren derart schwierig, daß sie nicht einmal der Bruder fehlerfrei spielen konnte. Und er wollte doch zu gern herausbekommen, ob er das nicht schaffte.

»Nein«, sagte der Bruder heftig, als ihn Sebastian einmal um das Notenheft bat, »dafür bist du noch zu jung«, nahm es vom Notenpult und verschloß es schnell in einem Geheimschränkchen, das statt einer Tür einen Gittervorsatz besaß.

Der Wunsch, in das Heft zu schauen, wurde in Sebastian immer größer. Eines Tages, als niemand daheim war, versuchte er, seine kleinen Finger durch die Gitterstäbe zu schieben. Es ging, und er beschloß, nachts bei Mondschein das Buch herauszuholen und daraus abzuschreiben. Denn Kerzen gab es für Sebastian nicht. Talglichter waren teuer, und wenn der Junge abends in seine Kammer geschickt wurde, hatte er zu schlafen.

Sebastian hatte zwar ein schlechtes Gewissen, wenn er an sein Vorhaben dachte, aber er mußte es wagen! Den ganzen Tag über war er aufgeregt. Am Abend lag er hellwach in seinem Bett. Der Vollmond schien in sein kleines Fenster. Er wartete, bis im Hause alles still war. Dann schlich er hinunter. Er mußte das wertvolle Exemplar herausholen, ohne es zu beschädigen. Gottlob hatte das Heft keinen steifen Deckel, und so konnte er es mit seinen schmalen Fingern aufrollen und ganz behutsam durch die Gitterstäbe ziehen. Leise schlich er in seine Kammer zurück, legte das Heft geöffnet auf die Fensterbank und schrieb, so schnell es eben ging, mit klopfendem Herzen das erste Stück in sein eigenes Notenbüchlein ab. Und dann schnell wieder hinunter, das Heft in das Geheimfach hineingeschoben und hinter den Gitterstäben entrollt.

Das wiederholte sich nun, sooft es eben ging. Und es ging nur bei Vollmond. So dauerte es fast ein halbes Jahr, bis Sebastian das ganze Heft Note für Note abgeschrieben hatte. Endlich konnte er, wenn der Bruder aus dem Hause war, die ersehnten Stücke spielen. Das ging eine Weile gut.

Doch eines Tages ist Sebastian so in sein Spiel vertieft, daß er nicht bemerkt, wie der Bruder zur Tür hereinkommt. Der glaubt seinen Ohren nicht zu trauen. Schon ist er beim Schatzkästlein.

Ja, das ist doch nicht möglich! Da liegt ja das Notenheft! Johann Christoph ist ganz verwirrt. Er schaut zum Cembalo. Da liegt das Notenheft noch einmal.

Das Rätsel muß er lösen. Er tritt näher zum Instrument und sieht, daß es ein fremdes Notenheft ist. Wortlos nimmt er Sebastians Abschrift vom Pult und schließt sie weg.

In dieser Nacht schlafen beide Brüder schlecht. Sebastian ist wütend auf seinen Bruder. Die Arbeit von einem halben Jahr, alle Ängste und Mühen sind umsonst gewesen! Johann Christoph aber schläft ebenfalls unruhig, weil er über den unglaublichen Vorfall nachdenkt und begreift, daß er den begabten, wißbegierigen Jungen musikalisch mehr fördern muß.

Am nächsten Morgen ruft er seinen Bruder zu sich.

»Sebastian, in sechs Monaten fangen wir mit dem Orgelunterricht an. Und nun kein Wort mehr über das Notenheft. Setz dich ans Cembalo, und zeige, was du kannst.«

Sebastian geht gehorsam zum Instrument und beginnt zu improvisieren. Plötzlich spielt er ein Tanzstück aus seinem geliebten Heft. Sebastian hat es im Kopf behalten, weil es ihm so gut gefiel. Als er es merkt, stockt er, aus Angst Prügel zu bekommen. Aber der Bruder sagt in seiner barschen Art: »Weitermachen!«

Als Sebastian das Stück fehlerlos zu Ende gebracht hat, geht Johann Christoph schweigend zum Geheimschränkchen, holt Sebastians Heft heraus und stellt es aufs Notenpult.

»Laß hören, was du daraus noch alles spielen kannst.«

Sebastian ist völlig verdattert. Er beginnt zu spielen, aber schon bald unterbricht ihn sein Lehrmeister und ruft: »Fehler!« und nochmals »Fehler!«

Diese Fehler kamen daher, daß Sebastian in der großen Eile die Noten falsch in sein Heft abgeschrieben hatte.

Da nimmt Johann Christoph plötzlich das Notenheft vom Pult und zerreißt es. Sebastian sitzt wie gelähmt. Doch dann geht der Bruder zum Schrank, nimmt sein eigenes Heft heraus, stellt es aufs Notenpult und sagt: »Spiel daraus, jetzt aber bitte richtig.«

Nun ist alles gut. Befreit trägt Sebastian dem Bruder ohne Unterbrechung seine Lieblingsstücke vor, eines nach dem anderen.

Als er geendet hat, legt ihm Johann Christoph die Hand auf die Schulter und sagt: »Du kannst das Heft haben, wann du willst. Hier ist der Schlüssel dazu. Und mit dem Orgelunterricht beginnen wir schon in sechs Wochen.«

Endlich erhält Sebastian den langersehnten Unterricht. Schon bald ist es sein größter Wunsch, Organist zu werden wie sein Bruder. Sebastian macht schnelle Fortschritte. Einen so begabten Schüler hat Johann Christoph noch nie gehabt. Aber er kann sich nur drei Jahre lang am Fleiß und dem großen Talent seines Bruders erfreuen. Gern hätte er ihn noch weiter gefördert, aber es ist ihm nicht möglich, Sebastian bei sich zu behalten. Seine Frau erwartet das fünfte Kind, und so wird die Wohnung für die vielen Menschen zu eng. Was soll aus dem fünfzehnjährigen Sebastian werden, der noch die Schule besucht und für seinen Lebensunterhalt nicht aufkommen kann?

In dieser schwierigen Situation hilft ihm sein Chorleiter und Freund Elias Herder weiter. Der war in Sebastians Alter Internatsschüler des Michaelisklosters in Lüneburg gewesen. Er war der Meinung, daß Sebastian dort auch sein Glück versuchen sollte.

»Und wer bezahlt das?« fragte Sebastian seinen älteren Freund. »Der Bruder kann mir keinen Pfennig geben.«

»Das macht nichts«, beschwichtigte Herder, »denn die Internatsschule des Michaelisklosters nimmt Söhne armer Eltern als Freischüler auf, wenn sie eine wohlklingende Stimme haben und dadurch für den Kirchenchor von Nutzen sind. Bewirb dich doch.«

Gleich am nächsten Tag spricht Sebastian mit seinem Schulfreund, Georg Erdmann, der ebenfalls eine schöne Stimme hat, über diesen Vorschlag. Sie beschließen, sich gemeinsam in Lüneburg zu bewerben. Wenig später schon halten sie die Einladung zur Prüfung in Händen.
An einem schönen Vorfrühlingstag im Jahre 1700, treten der fünfzehnjährige Johann Sebastian und der siebzehnjährige Georg Erdmann die weite Wanderung von Ohrdruf in Thüringen nach Lüneburg in Norddeutschland an. Natürlich wäre es bequemer gewesen, mit einer Kutsche die 250 km zurückzulegen, aber woher das nötige Geld nehmen? Freilich war es gefährlich, eine so weite Reise zu Fuß zu unternehmen, denn Wegelagerer und Diebe lauerten zu dieser Zeit überall auf den Straßen.

Aber die beiden Burschen sind guten Mutes. Sie denken sich: Wer zu Fuß daherkommt, bei dem sind wenig Schätze zu holen. Sie ziehen also los, singen mit ihren schönen Stimmen in Wirtshäusern um ein Stück Brot und einen Schluck Most und schlafen in Heuschobern und verlassenen Scheunen.

Nach zehn Tagen Fußmarsch sehen sie in der Ferne die Kirchtürme von Lüneburg. Dort würden sie nun die nächsten Jahre verbringen, wenn sie die Prüfung bestünden. Und sie bestanden sie. Sie machten sogar ihre Sache so gut, daß sie als bezahlte Sopranisten dem täglich singenden Mettenchor zugeteilt wurden. Die Chorsänger mußten auch an Sonntagen den Hauptgottesdienst und das Abendmahl feierlich gestalten. Dafür erhielten sie freie Unterkunft und Verpflegung, sowie kostenlosen Unterricht im Gymnasium vom Kloster; dazu noch ein monatliches Mettengeld, Talglicht und Brennholz im Winter. So konnten die Freunde mit ihrem Gesang immerhin etwas Geld verdienen.

Freilich war die Bezahlung sehr gering, aber die beiden besserten ihren Verdienst durch »Besingen der Hochzeiten und Beklagen der Leichen« erheblich auf. Und wenn sie Zeit und Lust hatten, zogen sie als Straßensänger durch die Lüneburger Gassen, und so kamen noch etliche Groschen dazu.

Die Schule machte Sebastian keine Schwierigkeiten. Er zeichnete sich in den Musikstunden, die fünfmal wöchentlich gegeben wurden, immer so aus, daß man ihm größere Freiheiten zugestand als seinen Mitschülern. So schloß er sich wieder der Kurrende an, die hier in Norddeutschland Kantorei hieß.

Da es in Lüneburg neben der Michaelispfarrei noch die Johanniskirche gab, waren auch zwei Kantoreien vorhanden. Häufig kam es zwischen den Chören der beiden Kirchen zu Reibereien. Beide nämlich sangen am liebsten vor den großbürgerlichen Häusern, weil da natürlich die meisten Spenden abfielen. Außerdem hielten sich die Sänger der Johanniskantorei für etwas Besseres, da es bei ihnen keine Freischüler gab.

»Ihr armseligen Almosenfresser!« rief eines Tages der Anführer der Johanniskantorei laut, als er die Freischüler Bach und Erdmann daherkommen sah.

Aber das hätte er lieber nicht tun sollen, denn blitzschnell zogen die Beleidigten einen Knüppel aus ihren langen schwarzen Gewändern, und sofort war eine handfeste Prügelei im Gange. Einmal mußte sogar der schwergewichtige Schmied mit einem glühenden Eisen kommen, um die jungen Leute zur Vernunft zu bringen.

Aber die Michaeliskantorei hatte noch andere Feinde in Lüneburg: die eingebildeten, adligen Jungen, die die Ritterakademie besuchten. Für sie war es ein besonderer Spaß, mitten durch die Singenden hindurchzuspazieren, um sie bei ihrem »jämmerlichen Geheul« zu stören. Dabei soll einmal einer dieser »vornehmen Kavaliere« den Degen gezogen haben, als Sebastian nicht schnell genug zur Seite sprang.

Sebastian hatte sich rasch an das neue Leben in Lüneburg gewöhnt. Ihm gefiel es gut hier. Musik wurde zur Genüge gemacht. Er gewann gute Freunde, und es standen ihm bescheidene Geldmittel zur Verfügung.

Eines Tages aber trat ein, was der junge Bach seit langem schon befürchtete. Er kam in den Stimmwechsel, wie es nun mal jeder heranwachsende Junge erlebt. Dabei wechselt mitunter ganz plötzlich die Stimmlage von der hohen Kinderstimme in die klangvollere und tiefere Stimme des Erwachsenen. Nun hörte sich der sechzehnjährige Johann Sebastian für kurze Zeit »zweistimmig« singen. Erschrokken versuchte er es zu verbergen, denn er fürchtete, entlassen zu werden.

Aber längst hatte man erkannt, daß der junge Bach noch mehr konnte als nur singen. So durfte er jetzt im Orchester als Violinist und Bratschist mitwirken. Nach kurzer Zeit schon saß er bereits am ersten Pult und spielte die Solostellen. Kurz vor seinem siebzehnten Geburtstag ernannte man ihn sogar zum Präfekten. Das war der stellvertretende Dirigent. Sebastian war sehr stolz darauf, schließlich konnte nur der fähigste Musiker Präfekt werden. Und wieder bekam er etwas mehr Geld. Da das Orchester seltener auftrat als der Chor, verfügte Sebastian jetzt über mehr Zeit als bisher. Diese gewonnenen Stunden nutzte er, um sich weiter in der Musik zu vervollkommnen.

Auch die Ferien wurden dazu verwandt. Er wanderte zu berühmten Musikern, um deren besondere Art von Musik kennenzulernen. So hörte Bach, daß am herzoglichen Hofe der benachbarten Stadt Celle französische Musik gepflegt wurde. Die wollte er unbedingt hören. Drei Tage brauchte Bach für die Wanderung durch die Heide, aber das war ihm die Mühe wert.

In Celle regierte Herzog Georg Wilhelm. Seine französische Frau, eine schöne Hugenottin, war es, die diese kleine

Residenz in ein prunkvolles Lustschloß verwandelt hatte mit blühenden Gärten und sprudelnden Brunnen. Natürlich wurde bei Hofe französisch gesprochen, man war nach französischer Mode gekleidet und machte französische Musik.

Bach wollte deshalb unbedingt die herzogliche Hofkapelle hören. Aber wie sollte er in das Schloß hineinkommen? Nur Adlige und geladene Gäste erhielten Einladungen zu den Konzerten. Da soll ihm der Zufall zu Hilfe gekommen sein: Bei einem Spaziergang im herzoglichen Schloßgarten lernte Bach den Trompeter der Kapelle, Johann Pack, kennen. Ihm vertraute er sich an. Der Hofmusiker war ein schlauer Fuchs. Er hatte eine glänzende, aber auch nicht ungefährliche Idee.

»Komm mit, junger Freund«, sagte Pack verschmitzt. »Ich glaube, ich weiß, wie ich dich in den Konzertsaal schmuggeln kann.«

Er schleppte Bach durch einen geheimen Seiteneingang ins Künstlerzimmer. Im Handumdrehen verwandelte er den verblüfften Bach in einen waschechten Hofmusiker. Er zog ihm eine französische Musikantenlivree an und stülpte ihm eine weißgepuderte Perücke über den Kopf.

»Voilà, ein herzogliches Orchestermitglied; ça c'est bon, fabelhaft«, rief Pack begeistert, und drückte Sebastian eine Geige in die Hand.

Gleich darauf saß Bach in der letzten Reihe zwischen den Violinisten und spielte die noch nie gehörte französische Musik vom Blatt ab. Wie anders klang diese Musik als die deutsche. Alles war heiter und tänzerisch, bewegt und froh. Sebastian musizierte so begeistert und gekonnt, als hätte er nie eine andere Musik gespielt. Und alle Eingeweihten sahen erleichtert, wie glänzend Bach sich ins Orchester einfügte, so daß keiner der Zuhörer etwas von dem Schelmenstück bemerkte. So jedenfalls wird die Geschichte erzählt.

Von nun an aber gehen Sebastian die französischen Tänze nicht mehr aus dem Sinn. Auf der Wanderung zurück nach Lüneburg singt er wieder und wieder Gavotten, Bourrées und Menuette vor sich hin. Daheim angelangt, sucht er sofort einen Tanzmeister auf, um sich die entsprechenden französischen Tanzschritte zeigen zu lassen. Später verwendet Bach französische Tänze in seinen Klavier- und Orchestersuiten.

Auch wenn sich Sebastian jetzt intensiv mit der französischen Orchestermusik beschäftigt, vernachlässigt er das Spielen auf seinem Lieblingsinstrument, der Orgel, nicht. Wahrscheinlich erhält er inzwischen Unterricht vom hochberühmten Organisten der Johanniskirche, Georg Böhm. Dieser hat wohl sofort die große Begabung des jungen Bach erkannt und läßt ihn oft auf der Orgel üben. Ja, er trägt ihm sogar auf, statt seiner das Postludium, das Schlußstück des Gottesdienstes, zu übernehmen. Denn Böhm weiß wohl: Improvisieren ist Bachs Stärke, und das war laut Kirchenordnung im Postludium erwünscht. Dort hieß es: »Zum Beschluß sei die Orgel tüchtig zu rühren und ein entsprechend Finale zu machen, damit der Gottesdienst nicht stumpf abgebissen werde, sondern zierlich und vernünftig, kunstvoll und durchdacht ende.«

Eines Tages hat Böhm wohl seinem Schüler geraten, sich auf den Weg nach Hamburg zu machen und Adam Reinken vorzuspielen, damit dieser ihn fördere und weiter ausbilde.

Kurz darauf schon betritt der Siebzehnjährige die St. Katharinenkirche in der Hansestadt. Oben an der Orgel sitzt der 78jährige Reinken und improvisiert.

So überwältigend ist dieses Orgelspiel, daß der sonst so selbstbewußte junge Mann nicht wagt, Reinken anzusprechen. Erst bei seinem dritten Besuch in Hamburg faßt Sebastian den Mut, sich dem alten Orgelmeister zu nähern und darf ihm dann auch gleich vorspielen.

Der junge Bach beginnt mit Stücken bekannter Meister. Reinken ist erstaunt über das schon nahezu vollkommene Spiel des Siebzehnjährigen. Anschließend trägt Sebastian eine eigene Komposition vor. Zwar ist dieses Werk noch von Bachs Orgellehrer Böhm beeinflußt, doch man hört

Nicht gesichertes Jugendbildnis Johann Sebastian Bachs.
Unsigniertes Ölgemälde, vielleicht von Johann Ernst Rentsch d. Ä.
Erfurt, Städtisches Museum.

schon das unverkennbar Eigene heraus. Zum Schluß erbittet sich Bach ein Thema, um darüber zu improvisieren.

Was der betagte Orgelmeister in der nächsten Viertelstunde von Johann Sebastian zu hören bekommt, hält er fast nicht für möglich. Wie konnte man aus dem Stegreif dieses Thema in eine vierstimmige Fuge verwandeln!

Als Bach geendet hatte, war der alte Reinken eine Weile ganz still. Dann stand er auf und sagte bewegt: »Um die deutsche Orgelkunst braucht mir nun nicht mehr bange zu sein. Ich fürchtete schon, daß sie mit mir zu Ende geht. Aber du wirst noch ein Größerer werden als ich.«

Nun ist sich Johann Sebastian sicher, daß er Musiker werden will. Der Primaner verzichtet darauf, sein Abitur zu machen. Kurz entschlossen sagt er, zum Bedauern seiner Lehrer, Schule und Internat Lebewohl.

Und was ist weiter aus Johann Sebastian Bach geworden?

Der gerade Achtzehnjährige bewirbt sich als Organist an der St. Bonifatiuskirche in Arnstadt, wo schon viele seiner Vorfahren als Kirchenmusiker tätig gewesen waren. Da diese Stelle aber wegen Renovierungsarbeiten an der Orgel noch nicht besetzt werden kann, nimmt Bach schnell entschlossen eine Stelle als Violinist und Bratschist in der herzoglichen Kapelle zu Weimar an. Herzog Ernst, ein gebildeter Fürst und leidenschaftlicher Liebhaber der Musik, sitzt im Orchester neben ihm an der Geige.

Im gleichen Jahr noch erhält Bach die Aufforderung, die nunmehr fertiggestellte Orgel in Arnstadt zu überprüfen. Die geistlichen und weltlichen Würdenträger der Stadt sind so beeindruckt vom Spiel des jungen Bach, daß sie ihm ohne Zögern die Organistenstelle übertragen. Johann Sebastians langgehegter Wunsch geht in Erfüllung: Er ist Organist.

In Arnstadt vervollkommnet er sein Orgelspiel und komponiert Stücke für den eigenen Gebrauch in der Kirche.

Im Oktober 1705 erbittet sich Bach vier Wochen Urlaub, um in Lübeck den berühmten Organisten und Komponisten Dietrich Buxtehude Orgel spielen zu hören. Von ihm hofft er, noch lernen zu können. Niemand weiß, ob Bach dem großen Orgelspieler nur zugehört oder ob er auch von ihm Unterricht erhalten hat.

Eines aber ist sicher, der junge Musiker ist so begeistert von Buxtehudes Spiel, daß er seine Rückreise um drei Monate verschiebt. Was er hier lernen kann, ist ihm im Augenblick wichtiger als seine Verpflichtungen in Arnstadt, wo man vergebens auf ihn wartet.

Seine Arbeitgeber haben dafür kein Verständnis. Er muß sich vor dem Kirchenrat verantworten. Dabei wird ihm auch vorgeworfen, daß er beim Orgelspiel »wunderliche Variationes« mache, die die Gemeinde völlig verwirrten und vom Gebet ablenkten. Außerdem hätte er mit einer »Jungfer« in der Kirche musiziert, und das war damals streng verboten. Frauen durften nicht in der Kirche singen.

Bach ist nach diesem Vorfall verärgert und will Arnstadt verlassen. Als im Dezember 1706 der Organist an der St. Blasiuskirche in Mühlhausen stirbt, übernimmt er 1707 die freigewordene Stelle.

Kurze Zeit darauf heiratet der 22jährige seine Base Maria Barbara Bach, die gleiche Jungfer, mit der er in der Arnstädter Kirche musiziert hatte. Zwei Wochen bevor Bach sein Amt in Mühlhausen antritt, legt jedoch ein Brand den schönsten Teil der Stadt in Schutt und Asche. Die Mühlhausener Bevölkerung ist in dieser Situation an Kirchenmusik völlig desinteressiert. Unter diesen Umständen befriedigt Bach das neue Organistenamt nicht. So nimmt er schon ein Jahr später die ihm angebotene Stelle als Hoforganist bei Herzog Ernst von Weimar an, in dessen Orchester er ja bereits gespielt hatte. Bald darauf ernennt ihn der Herzog auch noch zum Hofkonzertmeister. Einige

Jahre später allerdings wird Bach bei der Neubesetzung der Kapellmeisterstelle übergangen. Der junge Komponist beschwert sich und fordert seine Entlassung. Der Herzog, der Widerspruch nicht duldet, läßt Bach vier Wochen lang in Haft setzen.

Als Fürst Leopold von Anhalt in Köthen erfährt, daß Bach, durch den Wettstreit mit Louis Marchand inzwischen berühmt geworden, eine neue Stelle sucht, verpflichtet er ihn sofort. So verläßt Bach 1717 – nach einem knappen Jahrzehnt – Weimar. Dort waren viele seiner besten Orgelwerke, seine ersten Klavierstücke und einige Kantaten entstanden.

In Köthen überträgt ihm der weitgereiste Musikliebhaber Fürst Leopold, der selbst ein ausgezeichneter Violinspieler ist, die Stelle des Kapellmeisters. Als dieser ist Bach ausschließlich für die weltliche Musik bei Hofe zuständig. Er muß Hofkonzerte leiten und mit seinem Orchester zu Hofbällen spielen. Es wird erwartet, daß er dazu auch die Musik komponiert. So entstehen in Köthen nur weltliche Werke wie Kammermusik und Orchesterwerke, aber auch die von dem Fürsten von Brandenburg in Auftrag gegebenen berühmten sechs Brandenburgischen Konzerte.

Bach ist als Kapellmeister in Köthen angesehen. Er darf Fürst Leopold auf allen Reisen begleiten, und bald verbindet die beiden eine herzliche Freundschaft.

Als der 33jährige wieder einmal von einer Reise mit dem Herzog zurückkehrt, ist seine Frau inzwischen gestorben und schon beerdigt. Sie hatte ihm sieben Kinder geboren, von denen vier am Leben geblieben waren. Zwei der Söhne werden später auch Musiker wie der Vater.

Immer öfter sehnt sich Bach jetzt nach seinem geliebten Beruf als Organist zurück. Als eine Organistenstelle in der Jacobikirche in Hamburg frei wird, bewirbt er sich und spielt dabei noch einmal dem nun fast hundertjährigen Reinken vor. Aber trotz dessen Begeisterung erhält Bach die ausgeschriebene Stelle nicht.

So bleibt er zunächst in Köthen und heiratet 1721 die sechzehn Jahre jüngere Anna Magdalena Wülcken, die musikalische Tochter eines Hof- und Feldtrompeters.

Bachs zweite Frau hat eine schöne Stimme und spielt auch leidlich Klavier. Als nachträgliches Hochzeitsgeschenk komponiert Bach für sie das ›Klavierbüchlein der Anna Magdalena Bach‹. In seiner Frau findet Johann Sebastian eine tüchtige Stütze für seine Arbeit. Sie hilft ihm bei dem mühseligen Geschäft des Notenabschreibens. Und das mußte abends bei Kerzenlicht getan werden, denn tagsüber ist die Mutter mit dem Haushalt und der Erziehung der zehn Kinder vollauf beschäftigt. (Von ihren eigenen Kindern blieben sechs am Leben, dazu kamen die vier Kinder aus Johann Sebastians erster Ehe.) Das Familienleben im Hause Bach war vorbildlich. Da alle Kinder musikalisch waren, wurde von früh bis spät musiziert. Bach ist stolz darauf.

Er schreibt einmal: »Insgesamt aber sind sie geborene Musici und kann versichern, daß ich schon ein Concert vokaliter und instrumentaliter mit meiner Familie formieren kann, zumahlen, da meine itzige Frau gar einen sauberen Soprano singet und auch meine älteste Tochter nicht schlimm einschlägt.«

Bach fühlt sich in Köthen wohl, doch immer deutlicher fühlt er, daß seine eigentliche Berufung die Kirchenmusik ist. Als 1723 der Kantor der Thomaskirche in Leipzig stirbt, bewirbt sich Bach sofort. Nach langem Zögern wird dem 38jährigen die Stelle übertragen. Bach verdient zwar in Leipzig mehr Geld, aber dafür hat er hier auch viel mehr Verpflichtungen. Als ›Director Musices‹ muß er den Gottesdienst in der Thomas- und der Nicolaikirche betreuen, und dafür Sonntag für Sonntag eine neu komponierte Kantate vortragen. Das hieß damals nicht nur, das Stück zu komponieren, sondern auch jede einzelne Stimme des Orchesters und Chores handschriftlich von der Partitur abzuschreiben und mit Instrumentalisten und Sängern einzustudieren.

Thomaskirche und Thomasschule in Leipzig.
Stich von Johann Gottfried Krüger d. Ä. (1723).

Darüber hinaus hatte er die 54 Internatsschüler seines Thomanerchores zu unterrichten und musikalisch zu betreuen. Zu seinen Aufgaben gehörte auch, an der Thomasschule Latein zu unterrichten. Daneben leitete Bach ein Collegium musicum, das ausschließlich weltliche Musik spielte. Kaum vorstellbar, daß er da noch Zeit fand, abendfüllende Werke für große Kirchenfeste zu schreiben, wie beispielsweise die ›Lukas‹-, ›Johannes‹- und ›Matthäuspassion‹ und für Weihnachten das ›Weihnachtsoratorium‹. Daneben entstehen Messen und Motetten, etwa 250 Orgelwerke, viele Stücke für Klavier, darunter das berühmte ›Wohltemperierte Klavier‹ (das sind 48 Präludien und Fugen), verschiedene englische und französische Orchestersuiten, Instrumentalkonzerte und Kammermusik.

Bach hatte es in Leipzig als Musikdirektor nicht leicht. Der Stadtrat unterstützte das Orchester finanziell nur ungenügend, und mit dem Rektor der Schule kam es zu Auseinandersetzungen.

Doch Kurfürst Friedrich August II. von Sachsen erkennt Bachs Leistung an und ernennt ihn zum Hofkompositeur. Dieser Fürst residiert in Dresden, wohin Bach manchmal reist, wenn er seinen Sohn Friedemann besucht.

Die größte Ehre aber ist es für Bach, als er – drei Jahre vor seinem Tode – eine Einladung des Preußenkönigs Friedrichs des Großen nach Potsdam erhält. Bachs Sohn Philipp Emanuel ist dort als Cembalist angestellt. Er hatte dem musikliebenden König, der ausgezeichnet Flöte spielte, von seinem Vater erzählt.

Gleich nach seiner Ankunft im Schloß wird Vater Bach zur Audienz gerufen. Ohne Rücksicht auf die gerade überstandene Reise wünscht Friedrich sofort eine Kostprobe seines Könnens zu hören.

Der König »geruhte unverweilt in eigener höchster Person dem Kapellmeister Bach ein Thema vorzuspielen, welches er in einer Fuge ausführen sollte. Es geschah dieses von gemeldetem Kapellmeister so glücklich, daß es S. Majestät dero allergnädigstes Wohlgefallen zu bezeugen beliebten, daß auch die sämtlichen Anwesenden in Verwunderung gesetzt wurden.«

Wieder zurück in Leipzig, komponiert Bach über das Thema des Königs ein großes Werk: ›Das musikalische Opfer‹.

Sonst aber werden Bach die letzten Lebensjahre in seinem Amt schwergemacht. Seine Arbeit und seine großartigen musikalischen Leistungen würdigen nur noch wenige. Seine Musik ist auf einmal nicht mehr gefragt, denn man bevorzugt inzwischen die galante und gefälligere Musik der neu angebrochenen Epoche des Rokoko. So vereinsamt Bach immer mehr. Kurz vor seinem Tode erblindet er auch noch, wohl die Folge des Notenschreibens bei Kerzenlicht. Er konsultiert englische Ärzte, die ihn ohne Erfolg operieren. Sein letztes großes Werk entsteht: ›Die Kunst der Fuge‹, in dem er auch seinen Namen B – A – C – H musikalisch verarbeitet. Auf seinem Sterbebett diktiert Bach seinem Schwiegersohn den Choral: ›Vor deinen Thron tret ich hiermit . . .‹

Am 28. Juli 1750 stirbt Johann Sebastian Bach, der berühmteste Komponist des Barockzeitalters, der seine Werke überschrieb:

S.D.G. – Soli Deo Gloria
Gott allein zur Ehre.

Hundert Jahre lang sprach kaum jemand von Johann Sebastian Bach. Erst als Felix Mendelssohn-Bartholdy 1829, hundert Jahre nach ihrer Entstehung, die ›Matthäus-Passion‹ aufführt, beginnt man wieder, sich für den großen Musiker zu interessieren. Heute gilt Johann Sebastian Bach als der größte Musiker aller Zeiten.

Beethoven sagte einmal:

»Nicht Bach – Meer sollte er heißen,

wegen seines unendlichen, unerschöpflichen Reichtums an Tonkombinationen und Harmonien.«

Der Rohrauer Spatz

Am 12. Februar 1797 streift ein beflissener Diener in den geheimen Gemächern der Wiener Hofburg dem jungen Kaiser Franz II. die fesche Uniformjacke über.

»Majestät«, flüstert er dabei geheimnisvoll, »i hab g'hört, die hab'n eine Überraschung für Sie parat, wenn's jetzt im Theater erscheinen wer'n, weil Majestät doch heut Geburtstag hab'n.«

»Dann ziehn wir's Jackerl glei' wieder aus, Nepomuk.«

»Ja warum denn das jetzt, Majestät?« fragt der böhmische Diener entsetzt.

»Weil ich den ganzen Firlefanz und das Scharwenzeltheater um meine Person net mag, verstehst, Nepomuk? Schleich'n wir uns später in die Log'n, wenn die Oper scho' ang'fangen hat.«

Im Hoftheater warteten unterdessen Hunderte von festlich gekleideten Besuchern mit Spannung auf den Kaiser. Aus Anlaß seines Geburtstages sollte eine der berühmtesten Opern der damaligen Zeit aufgeführt werden: ›Doktor und Apotheker‹ von Karl Ditters von Dittersdorf, einem vom Papst geadelten Komponisten. Zuvor aber wollte man den Jubilar mit einem besonderen Loblied, einer Hymne, ehren.

Text und Noten der Hymne waren schon auf Flugblättern im Theater verteilt worden. Sobald Kaiser Franz die Loge betreten würde, sollten sich alle von ihren Plätzen erheben und das feierliche Geburtstagslied anstimmen. Aber sie warteten vergebens. Erst als die Oper schon begonnen hatte, öffnete sich leise die Logentür, und der Kaiser setzte sich unbemerkt auf seinen Platz. Der ganze Plan mit der Verspätung aber nützte ihm wenig, denn er kam um die Ehrung nicht herum. In der Pause erhoben sich plötzlich alle Besucher und sangen: ›Gott erhalte Franz, den Kaiser‹.

Vor Rührung traten dem Monarchen Tränen in die Augen. Er hatte sich erhoben und winkte verlegen ins Publikum, das seinem Kaiser jetzt begeistert zujubelte. Er nickte lächelnd einem älteren Herrn zu, der besonders laut Beifall klatschte, weil er seinen Kaiser über alles liebte und verehrte. Franz II. wußte, nur dieser konnte es sein, der die feierliche Hymne für ihn komponiert hatte:

JOSEPH HAYDN.

Mit dem Geburtstagslied hatte Joseph Haydn dem Kaiser eine besondere Freude bereitet. Als Zeichen seiner Dankbarkeit sandte Franz II. dem 65jährigen Komponisten eine goldene Tabakdose mit seinem Porträt.

Inzwischen verbreitete sich die Kaiserhymne in Windeseile im ganzen Land. Überall sang man sie. Später wurde die Kaiserhymne zu den Versen »Deutschland, Deutschland über alles« des Dichters Hoffmann von Fallersleben zur deutschen Nationalhymne. Und sie ist es heute noch zum Text der dritten Strophe des Deutschlandliedes: »Einigkeit und Recht und Freiheit«.

Haydn selbst liebte von all seinen Kompositionen das Kaiserlied am meisten. Er liebte es so sehr, daß er seine Melodie noch einmal verwendete und zwar in einem Streichquartett, das man deshalb auch ›Kaiserquartett‹ nennt.

In seinen letzten Lebenstagen, 1809, als in Wien der Krieg zwischen Napoleon und seinem geliebten Kaiser tobte, ließ sich der Komponist jeden Morgen in seiner Wiener Wohnung vom Bett zum Klavier tragen – gehen konnte er schon nicht mehr – um die Kaiserhymne zu spielen.

Geboren wurde Joseph Haydn in Rohrau in Niederösterreich. Näherte man sich dem kleinen Dorf, so hörte man schon von weitem den fröhlichen, rhythmischen Hammerschlag eines Schmiedes. Es war Mathias Haydn, Josephs Vater, der da in seiner Werkstatt die Fuhrwerke der Bauern und die Kaleschen der Adligen reparierte.

Haydns Geburtshaus in Rohrau.
Ölgemälde von Wilhelm Kroepsch

Der Beruf des Wagenbauers war zu jener Zeit ein recht einträgliches Geschäft, denn die Straßen befanden sich damals in einem trostlosen Zustand, waren holprig und mit Schlaglöchern übersät. Zerbrochene Räder und Achsenbrüche waren deshalb keine Seltenheit. Der kleine Joseph spielte mitunter stundenlang im Schuppen, wo Kutschen und Wagen standen. Wie oft kletterte er da nicht auf den Kutschbock einer Kalesche oder auf die gepolsterte Stange eines Jagdwagens, einer sogenannten Wurst, auf der sonst die Jäger mit ihren Gewehren saßen.

Vor der Schmiede des Vaters hing ein schönes Schild mit goldener Kugel im roten Feld und drei silbernen Reiherfedern. Das war das Wappen der Grafen von Harrach, der Oberjägermeister am Wiener Hof. Vater Mathias gehörte demnach zu den Bediensteten jener Grafen. Er durfte ihr

Wappen als Schild vor seiner Werkstatt aufhängen, mußte am Jahresende aber auch gehörig Abgaben leisten. Statt Geld verlangte der Graf von den Rohrauer Untertanen 8000 Eier, 300 Hühner und 200 Kapaune – Masthähne also. Mathias Haydn war dabei höher besteuert als die anderen Dorfbewohner, denn er betrieb noch andere Geschäfte in Rohrau. Da Josephs Vater ein fleißiger, kluger und ordentlicher Mann war, hatte ihn der Graf als Wegeaufseher und Richter im Dorf eingesetzt. Mathias Haydn mußte sich also um Recht und Ordnung kümmern, und das waren Tugenden, die er auch seinen Kindern schon frühzeitig anerzog. Durch die hohen Steuerabgaben lebte die Familie nicht gerade üppig. Doch eine Kuh im Stall, ein kleiner Weingarten und ein Stück Ackerland halfen ihnen, gut auszukommen. Die tüchtige Mutter, die ehemals Köchin im Grafenschloß war, webte und backte Brot. Vielleicht hat Joseph Haydn von ihr den Hang zum guten, reichlichen Essen geerbt.

Joseph, von allen liebevoll »Sepperl« genannt, wurde ausgerechnet am 1. April 1732 geboren.

»Ich will nicht, daß die Leute meinen, ich sei ein Aprilscherz«, sagte Haydn später und legte seinen Geburtstag einfach auf den 31. März.

Joseph war das zweite Kind von sechs Geschwistern. Von den ursprünglich zwölf Kindern waren sechs schon frühzeitig gestorben; für die damalige Zeit, in der es keine ausreichende ärztliche Betreuung und kaum Medikamente gab, nichts Außergewöhnliches.

Haydns Geburtsort, Rohrau, was so viel wie »eine Aue voller Schilfrohr« bedeutet, war ein winziger Weiler. Er lag in einer sumpfigen Gegend nördlich des Neusiedler Sees, einem Paradies für Vögel, die dort zu Tausenden nisteten und herumschwirrten.

An warmen Tagen saß der kleine Sepp häufig mitten im Schilf, schnitzte sich eine Rohrflöte und hörte auf die Lockrufe der Reiher und das Gezwitscher der kleinen Schilfbewohner. Und wenn der Dreikäsehoch seine Pfeife fertiggestellt hatte, machte es ihm viel Spaß, die Stimmen der Vögel auf seiner Flöte nachzuahmen, sie mit seinen seltsamen Tönen anzulocken und sich mit ihnen musikalisch »zu unterhalten«.

Joseph Haydn machte so also seine erste Musik. Hatte der kleine Sepp das Konzert mit seinen Freunden, den Vögeln, beendet, streckte er sich in der Mittagshitze am Ufer des Weihers aus, blinzelte in die Sonne und schlief ein. Ja, es war eine schläfrige Landschaft um Rohrau, ruhig und friedlich, ringsum nur Vogelgezwitscher, das Hü und Hott pflügender Bauern und das dumpfe Muhen brauner Kühe.

Eines Abends trottete ein Rohrauer Landmann mit der einzigen Kuh, die er besaß, seinem Hofe zu. Als er die Stalltür öffnen wollte, zuckte er zusammen. Von drinnen war deutlich das Muhen einer Kuh zu vernehmen. Dazu raschelte und scharrte es ganz fürchterlich im Stroh, und er wußte doch genau, daß er gerade nur die Kuh besaß, die neben ihm stand.

Da, wieder das Muhen aus dem Stall! Der Bauer bekreuzigte sich und stürzte mit einem Angstschrei davon. Da konnte nur der Priester helfen. Der hörte sich die verteufelte Geschichte an, griff flugs zum Weihwasserkessel und eilte schnurstracks zum verhexten Ort. Auch jetzt graste des Bauern Kuh friedlich vor dem Stall. Von drinnen aber hörte man wieder ein dumpfes Muhen. Der Priester wurde blaß. Er nahm sich aber ein Herz, stieß die Stalltür mit dem Fuß auf und schob ganz vorsichtig seinen Kopf hinein. Mit der Rechten schwenkte er den Weihwasserkessel und murmelte dabei lateinische Worte. Das Muhen verstummte. Aber plötzlich sprang etwas mit lautem Gebrüll aus dem Stroh. Der Priester zuckte mit einem Aufschrei zurück. Dann aber schüttete er sich aus vor Lachen. Er konnte sich gar nicht mehr beruhigen, so daß jetzt auch der Bauer ganz vorsichtig zur Stalltür hineinschaute. Ja, was war denn das! Statt einer Kuh stand da ein kleiner zerzauster Bub.

»Ja mei, dös is' ja der Haydn Sepp, der da g'muht hat.

Drei Jahre alt und schon so ein Schlawiner!« Dann mußte auch er so lachen, daß ihm die Tränen in die Augen schossen.

Zu Tieren hatte der kleine Joseph ein besonders nahes Verhältnis. Da es nur wenige Spielkameraden seines Alters in dem kleinen Ort Rohrau gab, wurden die Tiere seine Freunde. Er beobachtete sie oft stundenlang, um dann ihre Geräusche und Stimmen ganz genau nachzuahmen: das Wiehern der Pferde, das Miauen der Katzen und das Grunzen der Schweine. Mit der Zeit wurde der kleine Kerl ein richtiger Tierstimmenimitator. Und da der Sepperl als Bub recht keck und wild war, hat er zuweilen manchem Erwachsenen einen gehörigen Schrecken eingejagt, wenn er bei Dunkelheit einen schaurigen Käuzchenruf oder ein wütendes Hundegebell ertönen ließ. Tierstimmen aller Art tauchen auch später in seiner Musik wieder auf, vor allem in seinem berühmten Oratorium ›Die Schöpfung‹. In diesem Werk erzählt Joseph Haydn mit musikalischen Mitteln die Schöpfungsgeschichte.

Die erste Bekanntschaft mit Musik aber machte Joseph Haydn daheim. Vater Mathias war recht musikalisch. Abends, nach getaner Arbeit, saß er oft am Kamin und spielte leichte Tanzstücklein auf seiner »Harpfe«. Manchmal strich er auch das »Geigerl«, und die Mutter begleitete das Saitenspiel mit ihrem Gesang. Der kleine Sepperl aber saß zwischen ihnen auf dem Boden und sang die Melodie mit. Er konnte schon als Fünfjähriger jede Melodie, die der Vater spielte, sofort nachsingen.

Was Wolfgang Amadeus Mozart einmal von sich behauptete, nämlich daß sein Gedächtnis einer »Kneifzange« gliche, gilt auch für Joseph Haydn. Er vergaß nie ein Motiv, das er einmal irgendwo gehört hatte. Und manch lustige wie auch melancholische Weise, die er als Kind von herumziehenden Scherenschleifern oder Wandergesellen aufgeschnappt hatte, kehrt später in seinen Konzerten und Sinfonien wieder.

So verwendet Joseph Haydn beispielsweise das böhmische Volkslied: »Geh im Gaßle rauf und runter, hängen schwarze Kirschen runter; schwarze Kirschen eß ich gern, die Jungfer Nanni hätt ich gern« als Thema für den zweiten Satz seiner ›Sinfonie mit dem Paukenschlag‹.

Und dann gab's da noch die Rohrauer Wirtsstube. Vater Mathias trank gern ein Glas Wein unter Freunden. Wenn er dann vom Wein heiter war, stimmte er mit seinem wohlklingenden Tenor volkstümliche Lieder an, und der kleine Joseph fiel mit seiner hellen, klaren Knabenstimme ein, denn singen tat er gar zu gern.

Und die Wirtshausgäste ringsum sagten zueinander: »Hübsch is' er grad nicht, der Haydn Sepp. Schaut aus wie a Zigeunerbuab mit seiner braunen Hautfarb', aber a Stimm' hat er wie a Engerl.«

Mit sechs Jahren sollte Joseph, wie andere Jungen, etwas lernen. Aber in Rohrau selbst mit seinen 65 Häusern gab es keine Schule, wahrscheinlich auch keinen Lehrer. Kein Wunder, daß die meisten Rohrauer Analphabeten waren, das heißt, sie konnten weder lesen noch schreiben.

Eines Abends sagte Mathias zur Mutter: »Wir sollten das Angebot von Vetter Schulmeister annehmen und den Bub zu ihm nach Hainburg schicken. Dort könnt' er das Nötigste fürs Leben lernen. Und der Vetter wär' froh drum, wenn er Nachwuchs für den Kirchenchor bekäm'. Der Sepperl hat doch ein nettes Stimmerl.«

Und als ihn seine Frau entsetzt ansah, fügte er hinzu: »Vielleicht kann er sogar einmal ein geistlicher Herr werden, und das alles kostet uns keinen Heller.«

Die Mutter stimmte schließlich schweren Herzens diesem Plan zu, denn welche Mutter gibt schon gern ihren sechsjährigen Bub aus dem Haus. Doch sie hielt große Stücke auf Vetter Schulmeister in Hainburg. Er hatte studiert und war auf vielen Gebieten beschlagen. Neben seinem Beruf als Schullehrer verrichtete er den Kirchendienst als Organist und Chorleiter, war verantwortlich für den Ministrantendienst und leitete Gesangverein und Dorfkapelle. Von früh bis spät war er beschäftigt, so daß er sich nie die Zeit nahm, auf sein Äußeres zu achten. Auch Haus, Hof und Familie vernachlässigte er arg. Das bekam später auch Joseph am eigenen Leibe zu spüren, denn oft mußte er seine Kleider noch tragen, wenn sie bereits total verschmutzt waren. Dann schämte er sich und kam sich wie ein »Schweinigel« vor; denn an Reinlichkeit und Ordnung hatten ihn die Eltern schon von frühester Kindheit an gewöhnt. Joseph Haydn kleidete sich bis ins hohe Alter immer sehr sorgfältig.

Mit sechs Jahren mußte also der kleine Joseph von zu Hause fort in die Fremde. Die Mutter stand an der Tür und winkte ihm nach. Sie konnte nicht ahnen, daß es für immer sein würde, denn bei seinen Eltern zu Hause hat Joseph nie wieder gewohnt.

Da fuhren sie nun, der Bub vorne auf dem Kutschbock neben dem Vater, der sich freute, auf diese Weise wieder einmal nach Hainburg zu kommen, wo er geboren war; würde er doch auf diese Weise auch alte Freunde wiedersehen. Es war eine lustige Fahrt; die Sonne schien, und Vater und Sohn sangen gemeinsam um die Wette. In bester Laune fuhren sie gegen Abend durch das Hainburger Stadttor.

Bald hielten sie in der Ungargasse. Vetter Schulmeister, ein kleiner, untersetzter Mann, trat in Pantoffeln aus der Tür und hieß die Ankommenden willkommen. Drinnen, bei einem heißen Punsch, wurde ausgepackt: Hühner, Würste, Fleisch und Käse.

»Für deine Mühe, die du dir mit unserem Sepperl machen willst«, sagte Mathias.

Vetter Schulmeister nickte zufrieden.

»Komm jetzt, Sepp«, rief Muhme Juliane. »Ich zeige dir deine Kammer. Du wohnst oben unterm Dach. Ihr dürft auch mitkommen«, sagte sie zu ihren beiden Kindern, die sich schon auf den neuen Spielkameraden freuten.

Zusammen stiegen sie die hölzerne Treppe hinauf.

»Hier wirst' nun wohnen«, sagte Muhme Juliane und öffnete die Tür zu einer kleinen Kammer. »Ich hoff', dir gefällt's«.

Und ob sie Joseph gefiel! Der Raum war zwar einfach, aber das Dachfenster bot einen weiten Blick über den Garten auf die nahen Berge.

Aber schon bald hatte der kleine Joseph im Hause seines Oheims nichts mehr zu lachen. Muhme Juliane rief beim ersten Hahnenschrei mit ihrer schrillen Stimme zur Dachkammer hinauf: »He, Sepp, Faulpelz, raus aus den Federn! Füttre die Hühner, hol Brot und versorg die Ziege.«

Und wenn der kleine Sepp nicht sofort erschien, bekam er schon am Morgen des Oheims Rohrstock zu spüren.

Joseph Haydn erzählte später, daß er beim Vetter Schulmeister mehr Prügel bekommen hätte als zu essen. Von seinen vielen Pflichten gehetzt, wurde der Onkel nur allzu schnell ungeduldig. Dann polterte er los und schlug auch gleich mit dem Rohrstock drein, wenn die Kinder nicht parierten. Manchmal allerdings konnte er auch recht humorvoll sein. Wenn er gute Laune hatte, trieb er seine Späße mit den Buben.

Joseph Haydn hat Vetter Schulmeister später in seiner 55. Sinfonie »Der Schulmeister« musikalisch dargestellt und ihm damit ein Denkmal gesetzt.

Natürlich ging's bei Vetter Schulmeister auch in der Schule nicht ohne Rohrstock ab, denn der kleine Sepp hatte immer neue Streiche im Kopf, und Lesen und Schreiben behagten ihm überhaupt nicht. Joseph Haydn hat auch in seinem späteren Leben nie einen Brief fehlerlos schreiben können. Ihm waren zeit seines Lebens Töne wichtiger als Buchstaben. Und Töne zu setzen, machte ihm als Kind bedeutend mehr Spaß, als Buchstaben zu schreiben. Zur Musik brauchte ihn der Oheim nicht zu prügeln. Wenn es um Musik ging, vergaß der kleine Bursche alles andere. Dem Oheim war's nur recht, daß der Bub so musikinteressiert war, denn bei der vielen Arbeit, die er mit seinen Chören und Orchestern hatte, konnte ihm der sechsjährige Bub schon recht gut zur Hand gehen. Da gab es den Blasebalg an der Orgel zu treten, Notenpulte und Instrumente zu schleppen und natürlich viele, viele Noten abzuschreiben. Denn zu jener Zeit schrieb man noch die Noten für die Sänger und die einzelnen Instrumentalisten mit der Hand ab.

Vetter Schulmeister merkte bald, daß Joseph nicht nur musikalisch, sondern sogar hochbegabt war. Und so erteilte ihm der Oheim neben den Gesangstunden auch Violin-, Spinett- und Orgelunterricht. Und Joseph konnte gar nicht genug davon bekommen. Die größte Freude für den Sechsjährigen aber war, wenn er sonntags die Kirchenglocken läuten durfte. Schon beim Essen am Samstagabend fragte er: »Du, Oheim, darf ich morgen die Glocken läuten?«

Und wenn der Onkel dann brummelte: »Wennst liab bist, meinetwegen«, war Joseph ganz aus dem Häuschen. Dann war er am Sonntag als erster aus den Federn, und meist auch schon eine halbe Stunde vor Beginn der Frühmesse an Ort und Stelle. Endlich war es dann soweit: Der Knirps hing sich mit aller Kraft in die Seile und schwang hin und her. Joseph läutete, und jauchzte dabei vor Vergnügen.

Überhaupt läuteten in Hainburg oft die Glocken, denn die Hainburger feierten die Feste wie sie fielen. Da gab es zum Beispiel die Fronleichnamsprozession, die in Hainburg ein echtes Volksfest war. Sämtliche Glocken der Stadt läuteten, und vor der großen Prozession schritt Vetter Schulmeister und schwang seinen Dirigentenstab. Dahinter marschierten Pfeifer, Trompeter und Pauker, gefolgt von den einzelnen Handwerkszünften in ihren prächtigen, bunten Kostümen. Der kleine Joseph stellte sich dann an die Seite der Wagenbauer und Schmiede und versuchte mit seinen kleinen Beinen im Gleichschritt mitzumarschieren.

Kurz vor dem Fest des Heiligen Florian – Joseph war inzwischen sieben Jahre alt geworden – starb plötzlich einer der Paukenschläger. Da war guter Rat teuer. Woher so schnell einen anderen Paukenspieler nehmen?

Beim Abendessen räusperte sich der Onkel und fing vorsichtig an: »Joseph, die Pauke muß neu besetzt werden, du mußt sie nehmen. Du kannst ja einen ganz guten Rhythmus schlagen. Also, nach dem Essen wird geübt.

Übermorgen ist's schon soweit. Da mußt du's können, und zwar so, daß ich mich mit dir nicht blamiere!«

So etwas hatte sich Joseph schon lange gewünscht! Rhythmus hatte er im Blut, der war ihm ja vom Vater, dem Schmied, förmlich eingehämmert worden. Und auf der Trommel konnte er sich so richtig austoben, war er doch ein wildes und temperamentvolles Kind.

Gleich nach dem Essen verschwand der kleine Kerl in der Küche, nahm sich einen hölzernen Mehlbehälter, wie ihn die Muhme gewöhnlich zum Brotbacken benutzte, und begann darauf zu üben.

Am Sankt Florianstag platzte Joseph fast vor Aufregung. Ganz früh stahl er sich in die Küche, grapschte den Mehlbehälter aus dem Regal und schlich aus dem Haus. Er rannte durch die Hainburger Gassen, schlug auf seinen Mehlbehälter ein und schrie dazu: »Hört zu, paßt auf, heut schlag ich die Pauke im Prozessionszug.«

Daheim suchten ihn inzwischen Muhme und Oheim verzweifelt im ganzen Haus.

»Der Junge muß für die Prozession eingekleidet werden. Wo steckt denn der Bengel bloß?« rief Vetter Schulmeister und rannte in Pantoffeln auf die Straße hinaus.

Da sah er auch schon einen weißgepuderten Trommler dahergerannt kommen: es war Joseph, von oben bis unten mit feinem Mehlstaub bedeckt. Das war freilich ein ergötzliches Schauspiel für die Hainburger, wie ihr Schulmeister, die Füße noch in den Pantoffeln, den trommelnden, von Mehl eingestaubten Lausbuben einzufangen versuchte.

Aber wenig später schon schritt Joseph fein aufgeputzt und festlich gekleidet im Prozessionszug einher und schlug mit seinen Schlegeln voller Stolz sauber und gekonnt auf die nun echte Pauke ein.

Für dieses Instrument hatte Haydn zeit seines Lebens eine besondere Vorliebe. Er beherrschte die Technik des Paukenschlagens soweit, daß er 1791 in London zur großen Bewunderung aller eigenhändig die Partie der Pauke in einer seiner Sinfonien spielte.

Eines Sonntags – Joseph hatte wie gewöhnlich Ministrantendienst gehabt –, nahm Vetter Schulmeister den Jungen an die Hand und sagte: »Joseph, wir müssen geschwind einen Besuch machen«, und steuerte dabei auf das große Pfarrhaus zu.

Drinnen stand neben dem Herrn Stadtpfarrer Palm ein riesiger, finster dreinblickender Mann. Joseph versteckte sich hinter dem Rücken des Onkels. Der Riese jagte ihm Angst ein.

Aber der Pfarrer sagte ganz freundlich: »Sepperl, brauchst dich nicht zu fürchten. Schau, das hier ist mein Freund, der Hof- und Domkapellmeister Reutter aus Wien. Er hat dich grad eben in der Kirche singen g'hört. Dein Stimmerl hat ihm gefallen. Er würd' sich freuen, wennst ihm ein Liederl singen tätst. Geh her und sing uns eins.«

Josephs Angst war sogleich verflogen, denn singen tat er gar zu gern.

»Soll ich mei' liebstes Liederl singen?«

»Ja, sing das«, ermunterte ihn der Oheim.

Und Joseph schmetterte mit seiner hellen Knabenstimme: »Ich möcht' so gern ein Jäger sein, hussa, heissa, hussassa!«

Als er geendet hatte, lächelte der Domkapellmeister und strich ihm mit seiner großen Pranke über den schwarzen Haarschopf. »Recht hast's gemacht.«

Er nahm eine Handvoll Kirschen aus einer Tüte und hielt sie Joseph vors Gesicht. Dem Jungen lief das Wasser im Munde zusammen. Kirschen waren sein Leibgericht.

»Wenns d' die Kirschen willst, mußt einen Triller schlagen«, sagte der Fremde.

Dem kleinen Sepperl traten die Tränen in die Augen.

»Ja mei«, sagte er und schluckte,»einen Triller schlagen kann nicht einmal der Vetter Schulmeister.«

Aber der Riese schüttelte unwillig den Kopf. »Hör her, so macht man das.« Und er schlug einen langen Triller. »Und jetzt du, mach's nach«, sagte er.

Erst wollte es gar nicht recht klappen, aber Joseph versuchte es wieder und wieder. Vetter Schulmeister und der Pfarrer hielten jedesmal den Atem an und nickten dem Knaben aufmunternd zu. Plötzlich, ja was war denn das! – Joseph trillerte wie eine Lerche, die sich in den blauen Frühlingshimmel erhebt.

»Bravo, du kommst zu mir«, rief Domkapellmeister Reutter, »mach deine Hände auf.«

Und er ließ die dunkelroten Kirschen in Sepperls Hände fallen. Und in die Jackentasche steckte er ihm ein kleines silbernes Geldstück.

Der Siebenjährige war glücklich. Er konnte ja nicht ahnen, daß er sich in diesem Augenblick dem Riesen für neun Jahre verschrieben hatte: als Dom- und Hofsängerknabe in Wien. Und das wurden keine schönen Kinderjahre für ihn! Aber noch war es nicht soweit. Bis zu seinem achten Lebensjahr durfte er beim Vetter Schulmeister in Hainburg bleiben. Seine Stimme sollte zunächst noch etwas kräftiger und beweglicher werden.

Dann aber, an einem schönen Herbsttag des Jahres 1740 fuhr der Achtjährige mit seinem Vater, der sie auf der Reise begleitete, und Vetter Schulmeister im offenen Wagen in Wien ein. Der kleine Joseph sperrte Mund und Augen auf. Was gab es in dieser großen Stadt nicht alles zu sehen!

»Vater, schau doch, hier werden die Leute in Holzkästen herumgetragen!«

Der Vater mußte lachen.

»Dummer Bub, das sind Sänften. Die vornehmen Herrschaften lassen sich darin von ihren Bediensteten durch die Stadt tragen.«

»Sieh mal, Joseph«, sagte jetzt der Oheim und zeigte auf ein großes Gebäude vor ihnen, »das ist die Hofburg, das Schloß der Kaiserin Maria Theresia. Dort wirst du jetzt mit den Sängerknaben öfter singen.«

Bald hielten sie vor dem mächtigen Stephansdom.

»So, wir sind da«, sagte der Oheim. »Dort drüben steht das Gebäude, in dem du in Zukunft mit den anderen Jungen leben wirst. Es ist Wohnhaus und Schule zugleich.«

Dieses kaiserlich-königliche Konvikt galt als Eliteschule für die musikalisch begabte Jugend Österreichs. Nur Schüler mit den besten Stimmen wurden in die Stephanskantorei als Sängerknaben aufgenommen. Heute zählen die Wiener Sängerknaben, in deren Reihen also auch Joseph Haydn und später Franz Schubert sangen, zu den berühmtesten Knabenchören der Welt. Sie unternehmen Konzertreisen in alle Kontinente.

Joseph war stolz, daß er aufgrund seiner schönen Stimme als Sängerknabe zum Domchor von Sankt Stephan gehörte. Nun durfte der Achtjährige in seiner adretten Uniform und mit seinem weißen Haarschopf in einem richtigen Dom singen. Das klang wahrhaft wunderbar. ›So wird es sich anhören‹, dachte er, ›wenn die himmlischen Heerscharen singen.‹

Zunächst war Joseph froh und zufrieden. Aber schon bald verflog seine kindliche Freude, denn das Pensionatsleben war hart. Wem konnte der kleine Kerl seine Sorgen und Nöte erzählen? Eltern und Verwandte wohnten weit weg von Wien. Die Erzieher waren streng und das Essen dürftig. Dazu kam die anstrengende Arbeit: Früh hatten die Buben Unterricht in Lesen, Schreiben, Rechnen, Religion, und natürlich in Musik. Die anderen Fächer wurden zugunsten der musikalischen Ausbildung stark vernachlässigt. Haydn erhielt nur eine unzureichende Allgemeinbildung. Musik war das A und O im Leben der Sängerknaben. Neben Gesangstunden bekam jeder Schüler Unterricht auf der Violine und auf Tasteninstrumenten. Aber auch danach hatten die Jungen noch keine Freizeit. Nach dem Unterricht begann erst die Hauptarbeit des Tages: der Kirchendienst. Bei allen kirchlichen Anlässen mußten die Buben singen: bei den täglich stattfindenden Messen und Vespern, bei Taufen, Beerdigungen, Prozessionen, Festen und beim Hochamt.

Die musikalische Ausbildung der Jungen beschränkte sich nur aufs Musizieren, Komponieren hat Joseph im Konvikt nicht gelernt. Genau wie Johann Sebastian Bach mußte sich auch er das Handwerk des Komponierens selbst aneignen. Mit Eifer und Ausdauer studierte er Takt für Takt, Note für Note all der Stücke, die er zu singen und auf den Instrumenten zu üben hatte. Und dann versuchte er selbst zu komponieren.

Eines Tages überraschte ihn der Domkapellmeister Reutter wie er, über ein Notenblatt gebeugt, emsig schrieb.

»Was machst, Joseph?«

»Ich schreib' einen Kirchengesang für zwölf Stimmen.«

»Gleich für zwölf Stimmen?« fragte der Riese halb belustigt.

Er schaute dem kleinen Komponisten über die Schulter und mußte lächeln. Da war auf dem Notenpapier ein Haufen von schwarzen Noten wild übereinander gekritzelt.

»Oh, du dummes Büberl«, sagte der Riese, »sind dir denn zwei Stimmen nicht genug?«

Aber Joseph schüttelte zornig den schwarzen Haarschopf. Er war der Meinung, daß es erst etwas Rechtes sei, wenn das Papier hübsch mit Noten voll wäre.

»Wenn'st so gern komponieren tust, Joseph«, sagte der Riese, »kannst' mir was helfen.«

Reutter erkannte sehr schnell Haydns Begabung zum Komponieren. Aber anstatt dem Jungen einen richtigen Unterricht zu geben, der ihm weiterhalf, zog er nur Nutzen aus Josephs Talent. Er ließ ihn Vespermusiken für seinen Chor umschreiben und Messen bearbeiten, weil das eine unerhört mühsame Arbeit war, die viel Zeit kostete. Aber Joseph war gar nicht unglücklich darüber, denn er lernte dabei viel, und er arbeitete deshalb mit großem Eifer. Und so manches Instrumentalstück hat Joseph Haydn für seine Kameraden in ein Chorstück umgewandelt.

Mit wahrer Begeisterung sangen die Jungen in Adelshäusern oder bei Hofe. Denn nach dem Konzert gab es Torten und Kuchen in Hülle und Fülle. Natürlich schielten die Jungen schon während des Singens zu den gedeckten Tischen und schauten, wo die größten und besten Stücke lagen. Waren dann die Kuchenplatten leergefegt, fielen die Sänger oft noch wie hungrige Mäuse in die Speisekammern der Gastgeber ein, um dann mit verschmierten Gesichtern von den Bediensteten wieder hinausgeprügelt zu werden. Josi, wie ihn seine Kameraden nannten, bezog dabei immer die meisten Schläge, weil er einer der Schlimmsten und Hungrigsten war. Aber weder Prügel noch die harte Arbeit in Schule und Dom machten Joseph ängstlich oder traurig. Er blieb ein fröhliches, wildes Kind, das sich mit den anderen prügelte und immer zu Streichen aufgelegt war.

An einem warmen Juniabend hatte die Kaiserin Maria Theresia viele hundert Gäste zu einem Fest in den Park ihrer Sommerresidenz Schönbrunn geladen. Überall Wasserspiele, blühende Blumenrabatten, Musik, Spiel und Tanz. Natürlich gehörten zu einem richtigen Fest auch die Dom- und Hofsängerknaben. Die Buben hatten sich im Halbkreis vor dem Schloß aufgestellt, um ein Tedeum zu singen.

Aber während seine Kameraden sangen, hatte sich Josi heimlich davongeschlichen. Plötzlich, mitten in einer Gesangspause, hörte man das Zwitschern und Tirilieren eines Kanarienvogels. Alle schauten die riesige Fensterfront des Schlosses ab, aber kein Vogel war zu sehen. Da, wieder! Es zwitscherte mitten in den Gesang hinein. Die Kaiserin drehte sich empört um und schaute nach oben. Ja, war das möglich? Da schaute ein Bubenkopf über den First des Daches.

›Hat man da Töne‹, sagte sie zu sich selbst, ›anstatt hier unten zu singen, zwitschert der Kerl da oben auf dem Dach herum.‹

Sie winkte einen Bediensteten heran und flüsterte ihm etwas ins Ohr. Der verschwand, um bald darauf mit dem Übeltäter vor ihrer Majestät zu erscheinen.

Die Sängerknaben hatten schon während des Singens Josi beobachtet: wie er behend über ein Gerüst an der gerade renovierten Westfassade nach oben gestiegen war, wie sein Kopf plötzlich über dem Dachfirst auftauchte, und wie er mit diebischer Freude seine Triller schlug. Kein Wunder, daß sie mehr kicherten als sangen. Domkapellmeister Reutter fuchtelte zornig und aufgeregt mit dem Taktstock auf und nieder. Er hatte wohl bemerkt, daß der Sänger Haydn fehlte, aber er ahnte noch nicht, was inzwischen hinter seinem Rücken vor sich gegangen war. Als er sich umdrehte, um sich zu verneigen, traf ihn fast der Schlag. Da stand sein Zögling, Joseph Haydn, vor ihrer Majestät der Kaiserin. Und ringsum schauten Hunderte von neugierigen Augen auf das Schauspiel, welches sich ihnen da bot. Maria Theresia nahm den Vierzehnjährigen beim Ohr, schüttelte ihn heftig und sagte: »So, so, der Haydn Joseph macht wieder mal dumme Sachen, anstatt dem Gesang zu huldigen. Er hätte sich Arme und Beine brechen können, der dumme Kerl.« Und zum Bediensteten gewandt, befahl sie: »Gebe Er dem Schlingel zehn Hiebe auf den Allerwertesten, damit er nie mehr auf solche dummen Gedanken kommt.«

Seit diesem Vorfall war der Haydn Joseph der Kaiserin Maria Theresia besonders gut im Gedächtnis geblieben. Und sie schaute jetzt immer zuerst auf ihn, wenn die Sängerknaben zu Festlichkeiten im Schloß auftraten. Dieses Interesse der Monarchin wurde Haydn schließlich zum Verhängnis. Die Kaiserin war sehr musikalisch. Als Joseph mit siebzehn Jahren in den Stimmbruch kam – heute tritt der Stimmwechsel ein bis zwei Jahre früher ein – hörte sie sofort, was mit Haydns Stimme los war.

Nach einem Konzert zu Ehren des heiligen Leopold im Kloster Neuburg sagte sie zum Kapellmeister Reutter: »Der Sängerknabe Joseph Haydn singt nicht, er kräht wie ein Fasan.«

Der Riese errötete, verbeugte sich tief und stotterte: »Sehr wohl, Majestät, ich werde mich der Sache annehmen.«

Nun wußte Joseph, daß seine Tage als Chorknabe im Internat gezählt waren. Normalerweise wurden die Jungen sofort vor die Tür gesetzt, wenn sie dem Chor nichts mehr nützten, das war auch bei Johann Sebastian Bach der Fall gewesen; nur durfte dieser danach als begehrter Instrumentalist im Internat bleiben.

Auch Reutter hätte den jungen Haydn gerne im Konvikt behalten. Er schrieb ihm nämlich die Chormusik und bildete als ältester und begabtester Schüler die Jüngeren aus. So war Joseph auch der Lehrer seines um fünf Jahre jüngeren Bruders Michael geworden. Reutter hatte diesen vor kurzem auf der Suche nach jungen Sängertalenten in Rohrau gehört und ihn gleich nach dem Vorsingen mitgenommen; Michael sang noch schöner, als Joseph vor zehn Jahren gesungen hatte. Maria Theresia war so begeistert von Michaels glockenheller Stimme, daß sie dem Buben einmal 24 Dukaten schenkte.

Doch nun hatte Reutter Angst vor der Ungnade der Kaiserin und wollte deshalb Joseph Haydn möglichst schnell loswerden. Er wartete auf einen triftigen Grund. Und der fand sich bald.

Eines Tages rannte ein Sängerknabe laut weinend durch die Gänge des Internats und hielt sich seinen Hinterkopf. »Mein Zopf«, schluchzte er, »mein schöner Zopf!«

Der Riese steckte seinen Kopf zur Tür seines Arbeitszimmers heraus und donnerte den Jungen an: »Was ist denn los mit deinem Zopf?«

»Er hat mit der Schere meinen schönen Zopf abgeschnitten«, jammerte der Junge.

»Wer war das? Na red' er schon, Kerl!«

»Der Haydn war's, der Haydn Joseph!«

Nun war's passiert. Von einer Stunde auf die andere stand der arme Joseph vor dem Tor des Internats: ohne Hilfe, ohne Geld, nur angetan mit einer zerschlissenen Jacke und einem Paar abgetragener Schuhe. Er wußte nicht, wohin er sich wenden sollte. Eine ganze Nacht lang irrte Joseph verzweifelt durch die Straßen von Wien. Was sollte er nur anfangen? Nach Rohrau wollte er nicht zurückkehren, nein, wenn er hier auch zugrunde ginge, dazu war er zu stolz. Erwarteten die Eltern doch von ihm, daß er Geistlicher würde.

Da traf er im Morgengrauen auf einen alten Freund, den Tenor Spangler. Der ehemalige Sängerknabe wurde Haydns rettender Engel. Spangler war zwar selbst ein armer Teufel; er hauste mit seiner Familie in einer armseligen Wohnung, aber er ließ Joseph in einer winzigen Dachkammer bei sich wohnen. Nun hieß es für Haydn, selbst Geld zu verdienen. Aber wie? Was Joseph konnte, war Musik machen. So spielte er als Geiger zum Tanz auf, in Gartenwirtschaften und vornehmen Häusern, in großen und kleinen Unterhaltungsorchestern.

Spangler aber kann Joseph nur kurze Zeit bei sich behalten, und so bezieht Haydn bald ein eigenes bescheidenes Dachstübchen.

Und was ist weiter aus Joseph Haydn geworden?

Jahrelang schlägt sich Joseph Haydn kümmerlich durchs Leben. Er hilft als Organist aus, erteilt Klavierunterricht und schreibt Gelegenheitskompositionen: kleine Ständchen, Serenaden und Menuette für Tanzsäle. In einem Brief schreibt Haydn später: »Ich würde das Wenige nie erworben haben, wenn ich meinen Kompositionseifer nicht nachts fortgesetzt hätte.«

Bücher werden seine Lehrmeister. Lediglich der neapolitanische Komponist und Gesangslehrer Porpora, bei dem Haydn eine Zeitlang als Klavierbegleiter angestellt ist, gibt dem jungen Komponisten einige Hinweise und Ratschläge als Entgelt für gewisse Botendienste, die er für ihn unternimmt. Der 23jährige Haydn begleitet Porpora und dessen Gesangsschüler auf einer dreimonatigen Badereise nach Niederösterreich. Dort bekommt er Verbindung mit einigen musikliebenden Adelsfamilien. Baron Fürnberg lädt ihn auf sein Schloß Weinzierl ein und musiziert dort mit ihm und seinen Freunden. Haydn schreibt für diese

Joseph Haydn

Gelegenheit seine ersten Quartette für Streicher, in denen er noch nach seinem eigenen Stil sucht. Das Streichquartett nimmt schon bald in seinem umfangreichen Werk einen breiten Raum ein.

Fürnberg empfiehlt den 27jährigen seinem Freund, dem Grafen Karl Joseph Franz von Morzin, weiter. Für zwei Jahre wird Haydn nun auf Schloß Lukaveč bei Pilsen Musikdirektor und Kammercompositeur. Zwar bringt ihm die Stellung nicht viel ein, aber er fühlt sich wohl. Er kann mit der dortigen kleinen Musikkapelle musizieren und schreibt für sie die ersten seiner insgesamt 104 Sinfonien.

In Pilsen verliebt sich Haydn in Josepha Keller, die Tochter eines Friseurs. Als diese aber ins Kloster eintritt, heiratet er 1760 kurz entschlossen ihre Schwester. Anna Maria zeigt jedoch kein Verständnis für die Arbeit ihres Mannes, und so wird die Ehe sehr unglücklich. Haydn hatte keine Kinder.

Als Graf Morzin 1761 sein gesamtes Vermögen verliert, tritt der 29jährige Haydn als Vizekapellmeister in die Dienste des Fürsten Paul Anton Esterházy, der sommers im Schloß Esterházy, im Winter in Wien weilt. Haydn gehört laut Vertrag zur fürstlichen Dienerschaft auf Schloß Esterházy. Die fürstliche Kapelle steht ihm zur Verfügung, und mit sechzehn bis siebzehn Musikern hat er nun für die musikalische Unterhaltung im Schloß zu sorgen. Jeden Abend findet ein Konzert, mitunter auch eine Opernaufführung, im fürstlichen Theater statt. Der Fürst, selbst Musiker, erwartet von seinem Hofkomponisten Haydn als Abendunterhaltung anspruchsvolle Stücke, deren Uraufführungen Schloß Esterházy vorbehalten bleiben. So entstehen in rascher Folge Serenaden, Sinfonien und Konzerte. Außerdem schreibt Haydn die Musik für die Hofkirche und für die Kammermusikabende, bei denen der Fürst oft selbst mitwirkt. Esterházy spielt ein eigenartiges Streichinstrument, das Baryton, für das Haydn nun fast 170 Stücke schreibt. Als Komponist, Dirigent, Intendant des Theaters,

Gesangslehrer und Pianist in einer Person muß er eine Fülle von Aufgaben meistern.

Der europäische Hofadel gibt sich fast täglich im Schloß Esterházy ein Stelldichein und verbreitet schnell die Kunde von dem hervorragenden Musiker Haydn im In- und Ausland. So erhält der Kapellmeister zahlreiche Kompositionsaufträge. Für den Großfürsten Paul von Rußland komponiert er die ›Russischen Quartette‹, sechs Quartette entstehen für den König von Preußen. 1764 wird die erste Sinfonie in Paris gedruckt. Haydns Name erscheint immer häufiger in ausländischen Zeitschriften. Und Wiener Zeitungen betiteln ihn mit »Liebling der Nation«. 1766 wird er vom Fürsten Esterházy zum ersten Kapellmeister ernannt.

Haydn äußert sich später über diese Zeit so: »Ich erhielt Beifall, konnte als Chef eines Orchesters Versuche machen, war von der Welt abgesondert, und so mußte ich originell werden.«

1773 weilt die Kaiserin Maria Theresia in Esterházy. Eine neue Sinfonie Haydns wird aufgeführt, die aus diesem Anlaß die ›Theresianische‹ genannt wird.

Haydn gibt seinen Werken oft Namen. Besonders gern benutzt er solche aus dem Tierreich. Da finden wir ein Vogel-, Frosch- und Lerchenquartett, ein Ochsenmenuett und eine Pudelromanze, da gibt es die Sinfonien ›Der Bär‹ und ›Das Huhn‹. Und immer erinnert ein Motiv an eine besondere Eigenart des jeweiligen Tieres.

Der Komponist ist bei Hof beliebt und geschätzt. Er fühlt sich für die Belange seiner Musiker verantwortlich. Als der Fürst einmal allzulange auf seinem Sommersitz Esterházy weilt, warten die Musiker vergebens auf ihren Urlaub. Um seinem Herrn einen kräftigen Wink zu geben, schreibt Haydn eine Sinfonie mit einem ungewöhnlichen Schluß. Im letzten Satz nämlich spielt jedes Instrument noch ein Solo, um dann endgültig zu verstummen. Nur zwei Geigenstimmen beenden die Sinfonie. Bei der Aufführung löschten die Musiker nach Beendigung ihres Parts einer nach dem anderen die Kerze am Notenpult und verließen hintereinander den Raum, bis auf die letzten zwei Geiger. Der Fürst verstand, was Haydn sagen wollte, schluckte den Ärger hinunter und erteilte den Urlaub. Das Musikstück erhielt den Namen ›Die Abschiedssinfonie‹.

1785 macht Joseph Haydn in Wien die Bekanntschaft mit Wolfgang Amadeus Mozart. Daraus entwickelt sich eine Freundschaft, die bis zu Mozarts Tod im Jahre 1791 währt. Der 24 Jahre jüngere Mozart verehrt den älteren Freund, den er liebevoll Papa Haydn nennt. Aus Dankbarkeit widmet er ihm ein großes Quartettwerk.

Im Jahr 1790 stirbt Fürst Esterházy, und das Orchester wird aufgelöst. Der 58jährige Haydn zieht nach 29 Jahren Hofdienst nach Wien, behält aber den Titel ›Fürstlicher Kapellmeister‹ bei. Er ist bereits so berühmt und finanziell unabhängig, daß er eigentlich ein beschauliches Leben führen könnte.

Aber seine reichste Schaffensperiode steht erst bevor. Im gleichen Jahre noch folgt Haydn einer Einladung nach London. Das ist das erste Mal, daß der Komponist seine Heimat verläßt. Unterwegs trifft er mit Beethoven zusam-

Das Haus in der Unteren Steingasse im Vorort Gumpendorf: hier starb Haydn am 31. Mai 1809.

men, der später in Wien für kurze Zeit sein Schüler wird. In England hat Haydn mit seinen ›Londoner Sinfonien‹ große Erfolge. Die Universität Oxford verleiht ihm den Ehrendoktortitel. Als Dank schreibt der geehrte Komponist die ›Oxforder Sinfonie‹. 1794 unternimmt Haydn eine zweite Reise nach England. Er lernt dort die Musik Händels kennen, die ihn zu seinen berühmtesten Werken ›Die Schöpfung‹ und die ›Vier Jahreszeiten‹ anregt. Die Aufführungen dieser beiden Oratorien bringen Haydn viel Geld und Ruhm ein. Beim Hören der englischen Nationalhymne ›God save the King‹ faßt er den Plan, für seinen Kaiser, den Sohn Maria Theresias, Franz II., auch eine Hymne zu komponieren. So entsteht 1797 seine bekannteste Melodie ›Gott erhalte Franz den Kaiser‹. Haydn wird mit Ehrungen im In- und Ausland überhäuft.

Doch allmählich verlassen Haydn die schöpferischen Kräfte. Im Jahr 1803 komponiert er kaum noch. Zwei Jahre später verbreitet sich – wie 1778 schon einmal – das Gerücht, Haydn sei verstorben. Eine eigenartige Situation, wenn man von seinem eigenen Tod in der Zeitung liest. 1809 stirbt Joseph Haydn nun wirklich, 77jährig, in Wien. Er wird auf dem Hundsturmer Friedhof beigesetzt, einige Jahre später nach Eisenstadt überführt, an den Ort, an dem seine musikalische Laufbahn beim Fürsten Esterházy begann. Seine Grabinschrift lautet:

»Non moriar, sed vivam et narrabo
opera domini.«

Das heißt: »Ich werde nicht sterben, sondern leben und die Werke des Herrn verkündigen.«

Der Liedermacher von Wien

Am 29. März 1827 ist ganz Wien auf den Beinen. Zwanzigtausend Menschen zu Fuß, hoch zu Roß, mit Kaleschen und Kutschen sind gekommen, um bei den Trauerfeierlichkeiten zu Ludwig van Beethovens Begräbnis dabeizusein. Öffentliche Trauer ist angeordnet, die Fahnen sind auf halbmast gesetzt, die Schulen geschlossen. Man hat Militär aufgeboten, um auf Plätzen und Straßen für Ordnung zu sorgen.

»Der Sarg mit dem Leichnam des großen Tonsetzers war im Hofe aufgestellt. Nachdem sich die Geistlichkeit eingefunden hatte, um ihr heiliges Amt zu verrichten, reihten sich die zu dieser Feierlichkeit geladenen Gäste, Tonkünstler, Sänger, Dichter, Schauspieler, sämtlich in vollständigem Traueranzuge, mit beflorten Fackeln und Blumensträußen am Arm um die Bahre, und die Sänger stimmten das von dem Verewigten komponierte ›Miserere‹ an. Nach dem Gottesdienst in der Pfarrkirche wurde der Sarg auf einen mit vier Pferden bespannten Leichenwagen gehoben und zum Währinger Friedhof geführt...«

So wird die Beisetzung von einem Zeitgenossen geschildert. Zu beiden Seiten des Sarges schreiten 36 Fackelträger in Schwarz gekleidet, einen Strauß weißer Lilien und Rosen in der einen, die brennende Fackel in der anderen Hand. Einer von ihnen, ein kleiner untersetzter Mann, scheint besonders erschüttert zu sein. Er hatte den toten Musiker verehrt wie keinen zweiten. Blaß und mit traurigem Blick geht er neben dem Sarg her und spricht leise vor sich hin:

»Auf einen Totenacker hat mich mein Weg gebracht.
Allhier will ich einkehren, hab ich bei mir gedacht.
Ihr grünen Totenkränze könnt' wohl die Zeichen sein,
die müde Wandrer laden ins kühle Wirtshaus ein.«

Beethovens Begräbnis: ein öffentliches Ereignis, das ganz Wien bewegte. Die Schulen waren geschlossen worden, Militär mußte auf den von Menschenmengen überfluteten Straßen für Ordnung sorgen. Franz Schubert gehörte zu den namhaften Musikern und Dichtern, die blumengeschmückt, mit Fackeln in den Händen, zu beiden Seiten des Sarges schritten.
Ausschnitt aus einem Aquarell von F. Stoben

Das war der Text eines der 24 düsteren Lieder der ›Winterreise‹, die er gerade vertont. Jetzt hört er in sich hinein, wie die Musik dazu klingen soll. Als Beethovens Sarg ins Grab gesenkt wird, löscht er als letzter seine Fackel. Es ist

FRANZ SCHUBERT.

Mit zwei Freunden tritt er den Heimweg an. Unterwegs kehren sie in der Weinstube Mehlgrube ein. Schubert ist ganz in sich gekehrt. Plötzlich erhebt er sein Glas.

»Auf das Andenken unseres unsterblichen Beethoven!« sagt er und trinkt den Wein in einem Zuge aus.

Dann schenkt er nach und erhebt nochmals das Glas: »Und dieses trinke ich auf denjenigen von uns, der Beethoven als erster nachfolgt.«

Er selbst ist es. Schon ein Jahr später, am 19. November 1828 stirbt Franz Schubert, nur 31 Jahre alt.

Der Vater hatte folgende Todesanzeige aufgesetzt:

Gestern nachmittag entschlummerte zu einem besseren Leben mein innigst geliebter Sohn

Franz Schubert

Tonkünstler und Kompositeur

nach einer kurzen Krankheit im 32. Jahre seines Alters.

Der Tod des Sohnes traf den Vater hart, obwohl die beiden nicht immer einer Meinung waren. Daß Franz Komponist werden wollte, hatte dem Vater gar nicht gefallen.

»Setz dir nicht solche Flausen in den Kopf, Junge«, sagte er zu seinem Sohn. »Soll aus dir ein herumstreunender Musikant werden, ein Hungerleider und Taugenichts? Du wirst, wie dein Vater und dein Bruder, ein Schulmeister. Das ist wenigstens ein ehrlicher Beruf, wenn man dabei auch keine Reichtümer verdienen kann.«

Franz Schuberts Vater, Franz Theodor, war ein ehrgeiziger und willensstarker Mann. Er, ein Bauernkind aus Mähren, wollte etwas Besseres werden als sein Vater. Da Franz Theodor vielseitig begabt war, durfte er das Gymnasium in Brünn besuchen. Mit dem Abitur in der Tasche hätte er einen Beruf erlernen können, bei dem ihm Ansehen und Wohlstand sicher gewesen wären – wie Arzt oder Rechtsanwalt. Dazu gehörte aber ein längeres Studium, und dafür fehlte daheim das Geld. Die Ausbildung zum Schullehrer dagegen war bereits nach zehn Monaten abgeschlossen. Im Jahr 1784 zog der 21jährige aus seiner Heimat fort, um als Schulgehilfe seines Bruders in der Weltstadt Wien sein Glück zu machen. Dieser war immer sein großes Vorbild gewesen. Von ihm, der es durch Fleiß und Zähigkeit zu einem tüchtigen Lehrer gebracht hatte, hoffte er, viel zu lernen. Doch das Leben als Schulgehilfe war hart. Der kärgliche Lohn reichte gerade für ein Brot pro Woche. Das elegante Leben der Stadt mit seinen Bällen und Festlichkeiten war nicht für Franz Theodor gemacht. Aber er hoffte zuversichtlich, einmal wie sein Bruder ein richtiger Lehrer mit eigenen Schulgehilfen zu sein. Dann würde er eine Familie gründen können, denn draußen in Lichtenthal wohnte ein Mädchen, das er sehr mochte: Elisabeth. Er hatte sie auf einem seiner Sonntagsspaziergänge kennengelernt. Sie war Vollwaise und allein wie er.

Außerdem, stellt sich heraus, stammen beide aus derselben Gegend. Zwar ist Elisabeth sechs Jahre älter als er, aber was tut's, sie ist hübsch, hilfsbereit und vor allem tüchtig. Als Köchin und Magd hat sie gelernt, einen Haushalt richtig zu führen. Die beiden heiraten bald.

Ein Jahr später geht Franz Theodors großer Wunsch in Erfüllung: Er erhält die Stelle des Schullehrers in Himmelpfortgrund, einem kleinen Vorort draußen vor den Toren Wiens. Schule und Wohnung sind im Hause »Zum roten Krebs« untergebracht. Dieses Gebäude besitzt sechzehn Wohnungen mit je einem Zimmer und einer Küche. Zwei davon mieten nun Schuberts. Dabei dient die eine Wohnung als Schule. Das größere Zimmer wird Unterrichtsraum, die Küche wird Abstellkammer für das Anschauungsmaterial.

Franz Theodor erwirbt sich als Lehrer bald einen guten Ruf, und so schicken die Eltern ihre Kinder von weit her nach Himmelpfortgrund. Schnell wächst die Schülerzahl, schließlich müssen 174 Kinder in Vor- und Nachmittagsstunden unterrichtet werden. Die Bauernkinder sind jeweils nachmittags in der Schule, weil sie morgens auf dem Hof ihrer Eltern mithelfen müssen.

Ein Lehrer verdiente damals wenig, denn er mußte von dem Schulgeld leben, das die Eltern der Kinder bezahlten.

Aber Franz Theodor war Lehrer mit Leib und Seele und sehr sozial eingestellt. Etwa die Hälfte der Kinder unterrichtete er unentgeltlich, da sie aus armen Familien stammten. Wenn man bedenkt, daß der Schullehrer auch noch für Unterrichtsräume, Schulgehilfen und Arbeitsmaterial selbst aufkommen mußte, wird deutlich, daß Schuberts nur äußerst bescheiden leben konnten. Was blieb Franz Theodor anderes übrig, als noch zusätzlich Privatstunden zu erteilen, um sein schmales Einkommen aufzubessern? Dennoch, das Geld reichte gerade, um Zimmer und Küche über den Schulräumen als Wohnung für die ganze Familie zu mieten.

In dieser nur 35 qm großen Wohnung werden im Laufe der nächsten fünfzehn Jahre von den insgesamt vierzehn Kindern zwölf geboren. Da die Kindersterblichkeit in der damaligen Zeit sehr groß ist, bleiben nur fünf davon am Leben. Trotzdem ist es kaum vorstellbar, daß in dieser Enge sieben Personen leben konnten.

Am 31. Januar 1797, nachmittags um halb zwei Uhr, kommt in der Küche Franz Peter als zwölftes Kind zur Welt. Franz, als vorläufig jüngstes Kind, genießt innerhalb der Familie gewisse Vorrechte. Die Mutter liebt ihren »Benjamin« über alles, und auch der sonst so strenge Vater ist gegen Franz nachsichtiger als gegen seine anderen Kinder. Die Geschwister nämlich haben es nicht leicht daheim. Der

Vater als Familienoberhaupt bestimmt allein in allen Fragen, die die Familie angehen. Er entscheidet, was die Kinder tun dürfen und welchen Beruf sie zu ergreifen haben. Widerrede duldet er nicht. Nur Franz hat es später gewagt, sich den Befehlen des Vaters entgegenzustellen. Stets ist Franz Theodor auf den untadeligen Ruf der Seinen bedacht. Er erzieht seine Kinder zum Respekt vor der Obrigkeit und zur Frömmigkeit.

Der Vater ist der Mittelpunkt der Familie, und die Kinder haben ihn ehrerbietig mit »Sie« anzureden. Am Namenstag, dem in katholischen Gebieten Österreichs wesentlich mehr Bedeutung beigemessen wird als dem Geburtstag, hat er immer Bekannte und Verwandte um sich versammelt. Er läßt sich feiern, wie sich sein verehrtes Vorbild Kaiser Joseph von seinem Hofstaat feiern läßt. Darüber macht sich dann auch Ignaz, der zwölf Jahre ältere Bruder, lustig.

Er ist nicht gut auf seinen Vater zu sprechen, denn er wird von ihm stets hintangesetzt, weil er von Geburt an ein wenig verwachsen ist.

Auch die beiden älteren Brüder, Karl und Ferdinand, sind nicht mit allem einverstanden, was der Vater verlangt. Sie würden es aber nie wagen, sich gegen ihn aufzulehnen. Ferdinand, der Besonnene, versucht sich anzupassen. Deshalb versteht sich der Vater mit ihm am besten, aber auch Franz fühlt sich zu dem drei Jahre älteren, warmherzigen Bruder hingezogen. Und wenn es später zwischen Franz und dem Vater zu Auseinandersetzungen kommt, muß immer Ferdinand vermitteln.

»Elisabeth«, sagt der Vater eines Abends beim Abendbrot zu seiner Frau, die gerade den vierjährigen Franz zum Stillsitzen ermahnt, »Elisabeth, hör zu, drüben ist das Haus ›Zum schwarzen Rössel‹ zu kaufen. Freilich, es ist nicht gerade billig. Aber wenn's uns gehörte, würden wir die Schulmiete sparen. Außerdem ließen sich noch einige Zimmer als Unterrichtsräume einrichten, und wir könnten noch ein paar Schüler mehr aufnehmen.«

Wenig später schon wird umgezogen. Drüben in der

Säulengasse, nur drei Minuten entfernt von der alten Wohnung, beginnt für Franzl ein neues Leben. Der Vater fängt nämlich an, den Fünfjährigen auf die Schule vorzubereiten. Auch im Haushalt wird Franz nun häufig eingespannt. Oft hat er sich um seine kleine Schwester Resi zu kümmern. Fünfjährige Kinder wurden damals schon fast wie Erwachsene behandelt.

Eines Tages kommt ein junger Tischlergeselle ins Haus, der das Klavier reparieren soll. Er arbeitet in der Klavierwerkstätte gerade um die Ecke. Franz schaut ihm bei der Arbeit interessiert zu.

»Magst Musik, Bub?« fragt der Geselle.

»Ja, freilich, sehr.«

»Spielst auch ein Instrument?«

»Früher hab ich mir aus der Küche Schlaginstrumenterl geholt, Kochtöpfe und Waschbretter. Aber dem Herrn Vater ist das ein zu arger Lärm. Und wenn ich Klavier spiel, ist er auch bös. Ich soll da nicht herumklimpern, sagt er. Dafür sei die Zeit und das Klavier zu schad. Ich würd auch gern das Geigerl spielen wie der Vater, dann könnt ich mit den anderen musizieren. Weißt, der Ferdinand, der Ignaz und der Karl spielen alleweil zusammen. Aber fürs Geigerl bin ich noch zu jung, sagt der Vater.«

»Besuchst mich halt mal in der Werkstätte, Bub. Schaust a bisserl zu, wenn d' magst.«

Gleich am nächsten Morgen ist Franz schon in der Klavierwerkstatt. Da wird gehämmert und gesägt, gestimmt und gespielt. Das gefällt dem Jungen, und immer häufiger ist er hier anzutreffen. Er schaut aber nicht nur zu, er setzt sich auch manchmal auf einen Klavierhocker und probiert Klänge und eigene kleine Melodien auf dem Piano aus.

Als der Vater davon erfährt, fragt er den Franzl, ob's wahr wäre, was er gehört habe.

»Ja, Vater«, erwidert Franz, »mir fallen so viele Melodien ein, die muß ich dann geschwind auf dem Instrument probieren.«

»Ja, Franz, wenn du so viel Lust auf's Klavier hast, dann machen wir gleich Nägel mit Köpfen. Wenn schon Musik, dann einen soliden Unterricht. Ignaz, ab nächster Woche gibst du dem Franz ordentlichen Klavierunterricht, verstanden? Und«, fügt er streng hinzu, »dann wird richtig geübt, nicht nur herumprobiert, hörst du Franz! Wenn du eifrig und wirklich begabt bist, dann werde ich dir später auch das Violinspiel beibringen.«

Als einige Zeit später Ignaz unten in der Schulstube dem Vater Bücher sortieren hilft, fragt dieser ihn: »Na, kommt der Franz voran im Pianospiel?«

»Das kann man sagen, Vater, der Bub ist ein Teufelskerl. Ich unterrichte ihn doch erst wenige Monate, aber in dieser kurzen Zeit hat Franzl unglaubliche Fortschritte gemacht. Er meint sogar, daß er sich in Zukunft selbst forthelfen könne.«

Der Vater lacht: »Wenn das so ist, kann ich ihm ja nun auch Violinunterricht geben.«

Und es dauerte nicht lange, da war es das liebste für Franz, mit dem Vater zusammen Geigenduos zu spielen. Dabei erkannte der Vater die große Musikalität seines Sohnes. Nun lag es nahe, ihn zu Michael Holzer, dem erfahrenen Musiker und Kantor, in die Lehre zu schicken.

Der Franz kannte den Kantor schon drei Jahre lang. Seit seinem sechsten Lebensjahr sang Franz nämlich im Lichtenthaler Kirchenchor. Und weil er eine so angenehme, reine Stimme hatte, ließ Holzer den begabten Jungen schon die schwierigsten Solostimmen singen.

Der Unterricht bei seinem neuen Klavierlehrer machte dem jetzt neunjährigen Franz ungemein viel Spaß. Und bald gab Holzer seinem fleißigen und begabten Schüler zusätzlich noch Bratschen-, Orgel- und Kompositionsunterricht.

Wie stolz war Franz, wenn er beim Sonntagsgottesdienst seinen Lehrer an der Orgel vertreten durfte!

»Franzl«, sagte dann Holzer, »morgen mußt du die Orgel schlagen. Ich bin verhindert.«

Er wußte, seinem inzwischen elfjährigen Schüler konnte er mit gutem Gewissen diese Aufgabe übertragen. Der verstand die Orgel zu spielen!

In dieser Zeit entstanden auch Schuberts erste kleine Kompositionen, die aber leider nicht mehr erhalten sind. Der Vater freute sich über die musikalischen Fähigkeiten seines Sohnes, die ihm später als Lehrer zugute kommen würden.

Noch im gleichen Jahr sitzt der Vater im Lehnstuhl, schmaucht seine Pfeife und liest in der amtlichen Wiener Zeitung:

> »Da in der kaiserlich-königlichen Hofkapelle zwei Sängerknabenstellen neu zu besetzen sind, so haben diejenigen, welche eine dieser Stellen zu erlangen wünschen, den 30. September 1808 nachmittag um 3 Uhr im kaiserlich-königlichen Konvikte am Universitätsplatz Nr. 796 zu erscheinen, und sich der mit ihnen sowohl im Ansehung ihrer in den Studien bisher gemachten Fortschritte als auch ihrer in der Musik etwa schon erworbenen Kenntnisse vorzunehmenden Prüfung zu unterziehen und ihre Schulzeugnisse mitzubringen. Die Konkurrenten müssen das zehnte Jahr vollendet haben und fähig sein, in die erste Grammatikalklasse einzutreten. Wenn die aufgenommenen Knaben sich in Sitten und Studien auszeichnen, so haben sie nach der allerhöchsten Anordnung auch nach der Mutierung (Stimmbruch) der Stimme im Konvikte zu verbleiben.«

Der Vater legt nachdenklich die Zeitung zur Seite. ›Sängerknabe – Mitglied des Knabenchors der Wiener Hofmusikkapelle seiner Kaiserlichen Majestät – das wäre das Richtige für Franzl‹, denkt er. ›Mit seinen elf Jahren hat er das verlangte Alter, außerdem bringt er eine solide Schulbildung mit fürs Gymnasium, musikalisch ist er auch, und seine Stimme kann sich hören lassen.‹

Warum sollte Franz nicht Sänger in der Hofkapelle werden? Kost, Logis und Schulausbildung bekam er dort umsonst. Außerdem würde der Junge eine ausgezeichnete Erziehung erhalten und musikalisch gefördert werden. Hatte nicht auch Joseph Haydn schon frühzeitig sein Elternhaus verlassen, um als Chorknabe des Wiener Stephansdomes im Internat der Domkapelle großgezogen zu werden? Und aus Haydn war doch etwas Tüchtiges geworden!

Und so machten sich wenig später Vater und Sohn auf den Weg zum Konvikt am Universitätsplatz – der kleine stämmige Franz und der würdevoll einherschreitende Vater. Den ganzen Weg über gibt Franz Theodor seinem Sohn gute Ratschläge, wie er sich zu benehmen hätte: »Sei aufmerksam im Unterricht, und vergiß das Grüßen nicht!«

Der Junge nickt nur. Er ist zu aufgeregt, um sprechen zu können. Und als die beiden dann vor dem kahlen Gemäuer des Konvikts stehen mit den kleinen vergitterten Fenstern, wird Franz noch ängstlicher zumute. Da drin sollte er wohnen? Er hätte losheulen können.

Oben im Konvikt entsteht ein großes Gelächter, als Franz erscheint. Da stehen und sitzen noch viele Jungen, die sich ebenfalls um die freien Stellen bewerben; sie machen sich über die Kleidung des Schulmeistersohnes lustig. Franz sieht auch zu komisch aus in seinem weißen Gehrock, den ihm der Vater extra aus diesem Anlaß hatte anfertigen lassen. Aber wenig später schon haben sich die Türen des Prüfungssaales hinter Franz geschlossen. Auch drinnen bei den strengen Prüfern erregt Franz großes Aufsehen, aber diesmal wegen seines erstaunlichen Könnens. Die Aufgaben, die ihm gestellt werden, löst er mit Bravour.

Stolz berichtet der Vater daheim der Mutter, daß Franz in der Prüfung als Bester abgeschnitten habe und er nun Sänger der k. u. k. Hofkapelle und gleichzeitig Schüler der ersten Lateinklasse sei.

Sechs Jahre lang muß Franz nun die Konviktsuniform tragen: einen lustigen Dreispitz als Hut, dazu ein weißes Halstuch, weiter einen schwarzbraunen halblangen Überzieher mit einem goldenen Schulteraufsatz – einer sogenannten Epaulette – auf der linken Achsel, darunter eine altmodische Weste, dann Kniebundhose und spitze Schuhe mit Schnallen obenauf.

Das k. u. k. Stadtkonvikt war 1803 von Kaiser Franz als ›Erziehungsinstitut‹ eingerichtet worden: ein Internat, das 130 Jugendliche beherbergte. Da waren zum einen die Schüler, die das nebenanliegende akademische Gymnasium besuchten, zum anderen die Studenten, deren Universität gegenüber lag. Die wenigen Gymnasiasten, die als Sängerknaben der Hofkapelle engagiert waren, bekamen die Internatskosten vom Hof bezahlt. Für fünfzehn bis achtzehn Schüler gab es jeweils eine Studierstube und einen Schlafsaal.

»Das war ein nüchterner, kahler Raum, ein staubiges, fast ekles Zimmer«, schreibt einer von Schuberts Freunden, »staubige Stiefel, Trinkgläser, Wichshafen, Hutfutterale, Stiefelhölzer, alte Hosen, lumpige Romane, Töpfchen, Flaschen, Bürsten – Tisch und Kasten voll ... Es wird mir so enge, so weinerlich ... wenn ich den freundlichen Himmel sehe, wo jeder Vogel froher als ich sein Dasein verlebt.«

Das Konvikt unterstand dem Orden der »Armen der Mutter Gottes zu den hohen Schulen«, und so gehörten Gebetsstunden, Beichten und Messen zur Tagesordnung der Schüler. Es war bei Strafe verboten, das Konvikt allein zu verlassen. Das durfte nur in Gruppen und unter geistlicher Aufsicht geschehen. Die Erziehung war äußerst streng. Karzer und Prügelstrafe waren etwas Alltägliches. Einmal versuchten Schüler einen ihrer Klassenkameraden mit Gewalt aus dem Karzer zu befreien. Sie wurden aus dem Konvikt verwiesen. Verständlich, daß Franz in diesem »Gefängnis« nicht glücklich war. Die kahlen, kalten Räume, die strenge Zucht und das Leben ohne Eltern und Geschwister machten Franz schwer zu schaffen. Er verschloß sich immer mehr gegen seine Mitschüler und Lehrer. Einer seiner Freunde erzählt später: »Die Anstalt schien ihm nicht behaglich, denn der kleine Knabe war immer ernst und wenig freundlich.«

Und dann trat ein Ereignis ein, das alles noch schlimmer machte. Der Franzosenkaiser Napoleon belagerte im Jahr 1809 zum zweiten Male Wien.

»Am 12. Mai abends 9 Uhr fing das Bombardement der Stadt an . . . Es war ein prächtiger Anblick, die glühenden Kugeln im Bogen am nächtlichen Himmel vorbeifliegen zu sehen, während die vielen Feuersbrünste in der Stadt den Himmel röteten. Plötzlich knallte es im Hause selbst, indem eine Haubitzgranate auf das Konviktsgebäude gefallen war. Dieselbe durchschlug alle Stöcke bis in den ersten und platzte im Zimmer eines Präfekten, der gerade den Schlüssel umdrehte, um einzutreten. Es war ein großes Glück, daß zufällig die Präfekten in allen drei Stöcken nicht in ihren Zimmern waren.«

In ganz Wien sind die Folgen der Belagerung zu spüren. Auch das Konvikt ist davon betroffen. Es gibt nicht genug zu essen, und in den Räumen herrscht Kälte, weil kein Heizmaterial zur Verfügung steht.

Aber auch der Schulbetrieb machte Franz wenig Spaß, denn zimperlich gings damals im Unterricht nicht zu. Freilich, den Rohrstock und derbe Worte hatte er schon in Vaters Schule kennengelernt. Es war nichts Neues für ihn, wenn er hörte: »Sauknochen, elender! Hast einmal wieder nicht gelernt! Müßt' man dir doch gleich das Buch ums Maul schlagen, bis dir ein Licht aufgeht, Lümmel, verstockter!«

Der Schulstoff wurde den Schülern eingebleut, und wer nicht parierte, flog kurzerhand aus dem Konvikt. Einer, der mit Franz die Aufnahmeprüfung gemacht hatte, war schon gleich wieder heimgeschickt worden.

Obwohl sich Franz im Unterricht, besonders in Mathematik und Latein, furchtbar langweilte, waren seine Zeugnisse gut, und der Vater war zufrieden mit seinem Sohn. Das lag daran, daß die Jungen nachmittags unter strenger Aufsicht ihre Hausaufgaben machen mußten. Von Spiel und Spaß war kaum die Rede. Als einzige Abwechslung galt das »Ballonschlagen im Freyen«. Dafür aber konnte sich

Franz nicht besonders begeistern. Nur das Musizieren machte ihm wirklich Spaß.

Die Lehrer erkannten schon bald Schuberts großes Interesse an der Musik und seine Begabung. In keinem Zeugnis fehlte die Anmerkung: »Ein besonderes musikalisches Talent«. Wenn die zehn Sängerknaben sonntags oben auf der Kirchenempore standen und die Messe sangen, war eine Stimme besonders herauszuhören: die von Franz Schubert. Er war der einzige, der mit seiner klaren und reinen Sopranstimme hinaufklettern konnte bis zum hohen C.

›Verflixter Bub, dieser Schubert Franzl‹, dachte Hoforganist Ruzicka, ihr Dirigent, und schmunzelte vergnügt.

Zu Schuberts Freude wurde auch sonst im Konvikt noch viel musiziert. In kleinen Gruppen spielte man Kammermusik. Das schönste von allem aber war das Musizieren im großen Konviktsorchester, wiederum unter Leitung Wenzel Ruzickas, dem die Sängerknaben und musikinteressierte Studenten angehörten.

Diese Orchesterproben waren auch in der Bevölkerung sehr beliebt. Rundfunk und Schallplatte gab es ja noch nicht, und wer von den armen Leuten konnte es sich schon leisten, ein Konzert zu besuchen? Hier bekam man die Musik umsonst, man brauchte sich nur an warmen Sommerabenden unter die geöffneten Fenster des Musiksaales zu stellen. Zuweilen strömten so viele Zuhörer vor dem Konvikt zusammen, daß Fiaker und Zweispänner die Straße nicht mehr passieren konnten. Welch ein Glück für die Damen, daß es den Mechanikus Hanacek gab, einen kleinen quirligen Mann, der unverdrossen Sitzgelegenheiten aus Haus und Werkstatt herbeischaffte.

»Stühle für die musikliebenden Herrschaften!« rief er. Und die Leute zahlten gern einen Kreuzer dafür, daß sie im Sitzen dem Konviktsorchester lauschen konnten.

In diesem Orchester wirkte auch der Jurastudent Joseph von Spaun mit, der sich als sogenannter Musikdirektor um die Belange der jungen Musiker zu kümmern hatte. Er war auch für die Instrumente und das Notenmaterial zuständig. Oft war allerdings für die Beschaffung neuer Noten kein Geld vorhanden. Einmal legte von Spaun in den Ferien die Strecke von Wien nach seiner Heimatstadt Linz zu Fuß zurück – das waren ca. 200 km! –, um von dem eingesparten Postkutschengeld Notenmaterial kaufen zu können.

Schon bald fiel Joseph von Spaun der Neue, der elfjährige Sängerknabe Schubert, auf.

»Da Franz die Violine schon sehr gewandt spielte, hatte er seinen Platz als zweiter Geiger in dem kleinen Orchester«, erinnerte sich von Spaun später. »Ich saß, der erste bei den zweiten Geigern, und der kleine Schubert spielte hinter mir stehend aus demselben Notenblatt. Sehr bald nahm ich wahr, daß mich der kleine Musiker an Sicherheit des Taktes weit übertraf. Dadurch auf ihn aufmerksam gemacht, bemerkte ich, wie sich der sonst stille und gleichgültig aussehende Knabe auf das lebhafteste den Eindrücken der schönen Sinfonien hingab.«

Von Spaun findet Franzl einmal »allein im Musikzimmer am Klavier sitzen, das er mit seinen kleinen Händen schon artig spielte. Er versuchte gerade eine Mozartsche Sonate und sagte, daß sie ihm sehr gefalle, er es aber schwer finde, Mozart gut zu spielen. Auf meine freundliche Aufforderung spielte er mir ein Menuett von seiner eigenen Erfindung. Er war dabei scheu und schamrot, aber mein Beifall erfreute ihn. Er vertraute mir an, daß er seine Gedanken öfter heimlich in Noten bringe, aber sein Vater dürfe es nicht wissen, daß er sich der Musik widme.«

Joseph von Spaun wird Franzls Vertrauter. Dem Älteren kann der junge Schubert seine Sorgen, Wünsche und musikalischen Geheimnisse anvertrauen.

Wieder einmal sitzt Franz im Musikzimmer allein, hat den Kopf in die Hände gestützt und starrt vor sich hin. Er merkt nicht, daß Spaun zur Tür hereingekommen ist. Erst als dieser ruft: »He, Franzl!« wacht der Junge auf. »Komponierst wieder?«

»Nein, hab' kein Papier«, schmollt Schubert. »Hab' bereits in allen Schubladen gesucht, und die Hefte sind auch alle schon vollgekritzelt.«

»Na und? Kaufst dir halt neues Notenpapier«, antwortet Spaun, ohne nachzudenken.

»Leicht gesagt, Herr von Spaun, wenn man keinen Groschen in der Tasche hat.«

»Geh, Franzl, daran soll's nicht liegen.«

Und schon ist der Ältere aus der Tür. Nach kurzer Zeit erscheint er wieder, atemlos, mit einem dicken Packen Notenpapier unterm Arm.

»Da hast erst mal für eine Weile genug«, sagt er und überläßt dem jungen Komponisten das Papier.

Begierig ergreift Franz eines der neuen Notenblätter und schreibt in Windeseile auf, was »in ihm singt«.

Als Spaun wenig später wieder zur Tür hereinschaut, bemerkt er mit Erstaunen, wie sich der Gesichtsausdruck Schuberts beim Komponieren verändert. In seinem regen Mienenspiel drückt sich aus, was er beim Komponieren denkt und empfindet.

Wie bitter für Schubert, daß Spaun kurze Zeit später, im Jahr 1809, für zwei Jahre das Konvikt verläßt, um in Linz seine Studien fortzusetzen. Franz ruft ihm beim Abschied nach: »Sie Glücklicher entgehen jetzt dem Gefängnis. Mir ist es so leid, daß Sie fortkommen.«

Nun fühlt sich Franz noch einsamer im Konvikt. Er bekommt Sehnsucht nach den Eltern, nach Garten und Wiesen da draußen in Lichtenthal und nach den netten Unterrichtsstunden bei dem freundlichen Herrn Holzer.

Schon die ganze Woche freut er sich auf den freien Sonntag, an dem er nach Hause darf. Dann rennt er die kastanienbestandene Allee nach Himmelpfortgrund hinauf, weil er es nicht erwarten kann, daheim zu sein. Und das werden dann immer fröhliche Sonntage. Franzl ist plötzlich wie verwandelt, aufgeschlossen und immer zu Scherzen bereit. Die Mutter kocht an solchen Tagen etwas besonders

Gutes, denn im Konvikt wird Franz nicht verwöhnt, und gerade er liebt das gute Essen so sehr.

Und während die Mutter in der Küche hantiert, spielt Franz mit dem Vater und den Brüdern Quartett. An der ersten Geige sitzt Ferdinand, Ignaz spielt die zweite Violine, Vater hat das Cello übernommen und Franz ist der Bratschist. Auch nicht der kleinste Fehler der Mitspieler entgeht Franz. Nur wenn der strenge Vater danebengreift, tut er meist so, als höre er es nicht.

Nach dem Essen unternimmt er oft mit Bruder Karl große Spaziergänge. Karl hat als Landschaftsmaler ein geübtes Auge für die Natur und macht seinen jüngeren Bruder auf viele kleine Dinge aufmerksam, die Franz vielleicht sonst nicht beachten würde. Die Natur wird später in seinen Liedern eine wichtige Rolle spielen.

Franzl fällt immer wieder der Abschied schwer, wenn er abends zurück muß in »sein Gefängnis«. Ungeduldig erwartet er die Rückkehr Joseph von Spauns ins Konvikt.

Endlich – 1811 – ist es soweit! Nun kann Franz seinem Freund die Kompositionen zeigen, die während dessen Abwesenheit entstanden sind. Zuerst einmal die ›Fantasie zu vier Händen‹, die erste bekannte Komposition Schuberts. Der Dreizehnjährige hatte sie in drei Wochen fertiggestellt; weiter ein Streichquartett in d-moll; eine Ouvertüre mit Trompeten und Pauken und andere kleine Kompositionsversuche.

Spaun freut sich über die Fortschritte des jungen Schubert, seinen Fleiß und sein Talent.

»Ich fand meinen jungen Freund«, erzählt er, »etwas gewachsen und wohlgemut. Er war längst zur ersten Geige vorgerückt und hatte bereits einiges Ansehen im Orchester gewonnen, auf dessen Leitung er nicht ohne Einfluß blieb. Schubert sagte mir damals, daß er eine Menge schon komponiert habe: eine Sonate, eine Fantasie, eine kleine Oper, und er werde jetzt eine bessere schreiben. Die Schwierigkeit für ihn bestehe vorzüglich darin, daß er kein Notenpapier und kein Geld habe, um sich welches zu kaufen. Er müsse sich daher gewöhnliches Papier kaufen und es erst rastrieren, und selbst das Papier wisse er oft nicht woher nehmen. Ich versah ihn dann heimlich riesweise mit Notenpapier, das er in unglaublicher Menge verbrauchte.«

Spaun versorgte den Jungen nun auch mit Büchern. Besonders gern las Schubert Gedichte. Viele von ihnen verwandte er später für seine Liedkompositionen.

Mit der Zeit gab es noch mehr Menschen im Internat, die die Freundschaft des bescheidenen Schubert suchten; sie spürten, daß dieser junge Musiker etwas Besonderes war. Zeit seines Lebens ging von dem äußerlich unscheinbaren Franz Schubert eine große Anziehungskraft aus. Und so bildete sich im Konvikt ein regelrechter Freundeskreis um Franz. Dazu gehörten neben dem besonnenen Joseph von Spaun der kecke Anton Holzapfel, Klassensprecher und ein prima Kerl; dann Senn, ein Junge aus Tirol, der Gedichte machen konnte und wohl auch Johann Nepomuk Nestroy, der später ein berühmter Stückeschreiber wurde. Das waren alles gescheite und begabte Burschen, »aber der Franz«, sagte Spaun immer, »wird uns alle mal an Genie übertreffen.«

Oft trafen sich die Freunde in der Schulpause. Wenn der Schuldiener mit der Glocke durch die Gänge des Konvikts eilte und zur großen Pause bimmelte, ergoß sich im Nu die Schar der Buben in den ersten Stock, wo Fanny, die Bäckerstochter, ihre frischgebackenen Waren feilbot: die mürben Kipferln, Kaiserweckerln, die Mohnstriezel und Salzstangerln, den gewundenen Kranz von Knackwürsten, den würzigen Paprikaspeck und den Topf voller Wiener Würsterln, von Fanny als heiße Forellen angeboten. Am liebsten mochten die Jungen die Schusterlaiberln, die Fanny dick mit Butter bestrich. Für einen Wiener Buben war ein Schusterlaiberl, das die Größe eines Kinderkopfes erreichen konnte, das höchste. Fanny mochte Franz. Sie hatte ihn in der Kirche singen hören und war von seiner schönen hellen Stimme begeistert. Oft, wenn er keinen Groschen mehr in der Tasche hatte, schob sie ihm freundlich lächelnd ein Schusterlaiberl hin.

Häufig kamen die Freunde auch im Musikzimmer zusammen. Sie saßen um Franz herum, wenn er seine neuesten Kompositionen vorspielte, sogar wenn er komponierte. Schubert störte das nicht. Stadler, ein Mitschüler Schuberts, beschreibt den komponierenden Franz so: »Sehr selten bediente er sich dabei des Klaviers. Er sagte öfters, es würde ihn aus dem Zug bringen. Ganz ruhig und wenig beirrt durch das Geplauder und Gepolter seiner Kameraden um ihn her, saß er am Schreibtischchen vor dem Notenblatte und Textbuche niedergebeugt – er war sehr kurzsichtig – biß in die Feder, trommelte mitunter prüfend mit den kurzen Fingern und schrieb leicht und flüssig ohne viel Korrekturen fort, als ob es gerade so und nicht anders sein müsse.«

Es machte ihm Riesenspaß, mit den Freunden die eben fertiggestellten Kompositionen – fast noch naß vom Papier weg – zu musizieren. Viele von Schubert hingekritzelten und unachtsam umhergeworfenen Notenaufzeichnungen wurden von den Freunden gesammelt. So sind natürlich viele Stücke aus jener Zeit verschollen.

Wieder einmal sitzt Franz tief über das Notenblatt gebeugt im Musikzimmer und versucht, ein Mozartstück zu variieren, denn Mozart liebt er über alles. Da öffnet sich leise die Tür, und ein hurtiges Männlein kommt herein. Es ist Salieri, der angesehene und einflußreiche Komponist und Dirigent der kaiserlich-königlichen Hofsängerkapelle. Er hat stets seine flinken Äuglein da, wo es etwas Interessantes zu entdecken gibt. Franz ist so in seine Arbeit vertieft, daß er gar nicht merkt, wie der kleine Italiener lautlos heranschleicht. Schwupp, schon hält Salieri ein vollgekritzeltes Notenblatt in seinen Händen: »Ecco, wo hat der Kerl das her? Selbstgemacht? Alles aus diesem kleinen, dicken Bauernschädel, he?«

Franz sitzt wie versteinert.

»Hat er noch mehr von dem Zeug? Subito, geb er her!«

»Nein, alles verbrennt«, stottert Franz.

»Sapristi, verbrennt? Dummer Kerl!«

Salieri hebt Bücher und Hefte hoch, daß die Notenblätter nur so durch die Luft segeln.

»Malefizbub, und was ist das?« kreischt das kleine Männlein, krebsrot im Gesicht.

Hastig reißt er einige Notenblätter an sich, schaut sie an und murmelt dabei vor sich hin. Plötzlich schreit er: »Per bacco, was hat der Kerl hier gemacht? Wer hat ihm das erlaubt?«

»Ich hab ein Thema von Mozart etwas verändert.«

Aber da wurde Salieri noch erregter. Woher sollte der arme Schubert auch wissen, daß Mozart einst Salieris Todfeind gewesen war?

Salieri eilt zur Tür und schreit mit seiner schrillen Stimme: »Ruzicka, hallo Ruzicka!«

Franz steht wie vom Donner gerührt. Schon hastet der böhmische Hoforganist herbei.

»Ruzicka, nehme er den Kerl dort mit und gebe er ihm ordentlichen Kompositionsunterricht, capisci.«

Franz weiß nicht, war das eine Belohnung oder eine Strafe. Ruzicka packt Franz und zerrt ihn mit sich ins Nebenzimmer. Der kleine Böhme ist anfangs wütend, noch jemandem Einzelunterricht erteilen zu müssen.

»Sakramenski, Ceski, Heski, Kupferstück, da könnte man doch gleich Junge kriegen«, ruft er aus.

Das tut er immer, wenn er so richtig wütend ist. Aber Pflicht ist Pflicht, und es bleibt ihm nichts anderes übrig, als den Jungen zu unterrichten. Bald aber merkt Ruzicka, daß der Schubert Franz nicht nur im Singen außerordentlich begabt ist. Schon nach einigen Unterrichtsstunden muß er einsehen: »Den kann ich nichts lehren, der hat's vom lieben Gott gelernt.«

Franz legt ihm bald nur noch seine Kompositionen zur Begutachtung vor. So auch sein erstes vertontes Gedicht, ›Hagars Klage‹.

»Gekonnt«, murmelt Ruzicka, »Donnerwetter, ausgezeichnet.«

Er springt vom Stuhl auf.

»Schubert«, ruft er, »auf dem Gebiet der Liedkomposition mußt du weiterarbeiten! Das liegt dir! Hier wirst du einmal Großes leisten!«

Franz nickt. Auch er hat das Gefühl, daß er das am besten kann: Lieder komponieren. Aber er muß noch viel lernen. Doch je eifriger Franz komponiert, desto mehr klagen seine Lehrer über mangelnden Eifer und Interesselosigkeit in anderen Fächern. Anton Holzapfel berichtet, daß Franz »nicht zu den besonderen Lieblingen der geistlichen Herren Professoren« gehört hat. Sogar der Direktor läßt Schubert zu sich kommen und droht ihm »wegen Vernachlässigung aller Disziplinen« mit dem Ausschluß aus dem Konvikt.

Zu Weihnachten kommt Franz mit einem miserablen Zeugnis heim. Der Vater ist außer sich.

»Du kannst dich entscheiden«, wettert er. »Entweder du hörst auf mit diesem musikalischen Firlefanz und widmest dich eifriger deinen Studien, oder du betrittst mein Haus nicht mehr.«

Das war hart für Franzl. Was sollte er tun? Ohne Mutter und Geschwister leben zu müssen, das konnte sich der Fünfzehnjährige schwer vorstellen. Aber nicht mehr komponieren zu dürfen, das war noch schlimmer. Wenn der Vater es so wollte, mußte es eben so sein. So darf sich Franz in der nächsten Zeit in Himmelpfortgrund nicht mehr sehen lassen. Er leidet sehr unter dieser Trennung.

Von Spaun bemerkt die Veränderung, die in Schubert vorgeht.

»Was hast denn, Franzl? Bist so einsilbig?« fragt er ihn eines Tages.

»Ach, der Vater will nicht, daß ich komponiere! Glaubst du denn eigentlich, daß einmal etwas aus mir wird?«

»Ich bin fest davon überzeugt«, antwortet der Freund. »Franzl, Kopf hoch, ich verspreche dir, mit deinem Herrn Vater zu sprechen.«

Aber auch von Spauns Vermittlung richtet nichts aus. Der Vater bleibt hart und unversöhnlich.

Franz wird immer mehr zum Einzelgänger. Er lebt in

seiner eigenen Welt, in der er von niemandem gestört werden will.

»Auf den gemeinsamen Spaziergängen der Zöglinge hielt er sich meist abseits. Er ging mit gesenktem Blicke, die Hände auf den Rücken gelegt, mit den Fingern wie auf Tasten spielend, ganz in sich gekehrt, sinnend einher«, berichtet einer der Mitschüler.

Im Mai 1812 erscheint ganz unerwartet sein Bruder Ferdinand im Konvikt, bleich und übernächtigt.

»Ferdinand, was kommst daher? Is' was passiert daheim?« fragt Franz erschrocken.

»Ja, Franzl, die Mutter ist gestorben. Gestern, an Typhus.«

Franz ist wie betäubt. Die Nachricht kommt für ihn zu unvermittelt.

Franz Schubert hat den Verlust seiner geliebten Mutter zeit seines Lebens nicht verwunden. Dem Vater hat dieses Ereignis etwas von seiner Härte und Strenge genommen. Er versöhnt sich wieder mit seinem Franzl. Er hat ja das Talent seines Sohnes längst erkannt und will ihm nun nichts mehr in den Weg legen. Aber er hofft natürlich doch noch, daß Franz eines Tages vernünftig wird und den Lehrerberuf ergreift.

Nach der Beerdigung der Mutter kehrt Franz ins Konvikt zurück. Er wird aufgefordert, sich bei Salieri zu melden. Als er dessen Zimmer betritt, fuchtelt der berühmte Mann mit einem vollgeschriebenen Notenblatt herum.

»Kerl, hat er das geschrieben?« ruft er, als Schubert erscheint.

»Jawohl, Herr Hofkapellmeister.«

»Ecco, er wird zu mir in den Unterricht kommen, verstanden?«

»Aber Maestro«, stottert Franz. »Ich habe keinen Pfennig, das kann ich nicht bezahlen.«

»Nix da, bezahlen, junger Freund. Wir werden sehen.«

Wenige Tage später erhielt Schubert von der Direktion

auf Grund seines »Musikgenies und seines moralischen Haltes« die Erlaubnis, bei Salieri Privatunterricht zu nehmen. Das war eine Auszeichnung und Vergünstigung, die sonst keinem im Konvikt zuteil wurde. Franz durfte nun zweimal wöchentlich ohne Begleitung die Anstalt verlassen, was ja sonst streng verboten war. Vier Jahre lang erhält Franz Unterricht bei Salieri, der als Vertreter der italienischen Musik sich bemüht, bei Schubert ein Gefühl für die schöne Melodie auszubilden.

Ein paar Wochen später – im Juli 1812 – tritt schließlich etwas ein, was Schuberts Leben entscheidend verändern sollte: Eines Tages bemerkt einer der Freunde, als sie wieder einmal beisammenstehen, daß Franzls Stimme vom hohen Diskant in den tiefsten Baß rutscht. Schuberts Stimmbruch ist nicht mehr zu verheimlichen. Von Tag zu Tag wird er hörbarer. Schuberts Tage als Sängerknabe sind gezählt. Korbell, der Singmeister, vermerkt in seiner Partitur einer Messe: »Schubert Franz hat zum letzten Mal gekräht. Den 26. July 1812.«

Franz hat seine herrliche Sopranstimme verloren. Er muß sich später mit einem bescheidenen Bariton begnügen.

Wie Bach und Haydn ist auch Schubert nach dem Stimmwechsel für den Chor nicht mehr zu gebrauchen, aber als erster Geiger ist Franz nach wie vor eine wichtige Stütze fürs Orchester. Ruzicka vertraut dem Fünfzehnjährigen jetzt häufig die Leitung des Orchesters an. Auch Bach hatte ja nach dem Stimmbruch als Instrumentalist und stellvertretender Dirigent des Orchesters im Internat bleiben können.

Franz nimmt dieses Amt sehr ernst. Jetzt endlich kann er die undankbare Stelle des »Kapelldieners«, die er bis dahin innegehabt hatte, an einen anderen Sängerknaben abtreten. Der war nun zuständig für das Aufziehen der Saiten, für die Kerzenbeleuchtung und die Aufbewahrung von Noten und Instrumenten.

Etwas anderes aber macht dem Heranwachsenden zu schaffen. Hatte die Mutter »ihrem Franzl« bei seinen Besuchen immer etwas Nahrhaftes mitgegeben zur Aufbesserung des kärglichen Speisezettels, so ist er jetzt allein auf die Mahlzeiten der Anstalt angewiesen. Und das wenige Essen im Konvikt reicht für den Fünfzehnjährigen nicht aus. Wie gern würde er sich hin und wieder ein Schusterlaiberl kaufen. Er schreibt deshalb an seinen Bruder einen Brief:

den 24. November 1812

»Schon lange habe ich über meine Lage nachgedacht und gefunden, daß sie im ganzen zwar gut sei, aber doch hier und da verbessert werden könnte; Du weißt aus Erfahrung, daß man doch manchmal eine Semmel und ein paar Äpfel essen möchte, um so mehr, wenn man nach einem mittelmäßigen Mittagsmahle nach achteinhalb Stunden erst ein armseliges Nachtmahl erwarten darf... Die paar Groschen, die ich vom Herrn Vater bekomme, sind in den ersten Tagen beim Teufel; was soll ich die übrige Zeit tun? Was wär's denn auch, wenn Du mir monatlich ein paar Kreuzer zukommen ließest. Ich stütze mich auf die Worte des Apostels Matthäus, der da spricht: wer zwei Röcke hat, der gebe einen den Armen etc. Indessen wünsche ich, daß Du der Stimme Gehör geben mögest, die Dir unaufhörlich zuruft

Deines
Dich liebenden, armen, hoffenden und nochmals armen Bruders Franz Dich zu erinnern.«

Schubert beschäftigt sich im Konvikt mit nichts anderem mehr als mit Musik. Natürlich leiden die anderen Fächer stark darunter, besonders Mathematik. Franz wird klargemacht, daß er auf dem Internat nur bleiben darf, wenn er sich in Mathematik verbessert. Um seinen Stiftsplatz zu behalten, müßte er sich einer Nachprüfung in diesem Fach unterziehen. Da will Schubert lieber das Konvikt verlassen. Zum Abschied widmet er dem Direktor, Graf Lang, eine Sinfonie. Für sein geliebtes Konviktsorchester aber komponiert er ein Stück für Blasinstrumente. Die Aussicht, nach den Sommerferien nicht mehr aufs Konvikt zurückkehren zu müssen, stimmt ihn heiter und fröhlich. Das schlägt sich auch in der witzigen Nachschrift seiner Abschiedskomposition nieder:

> »Fine mit'n Quartett, welches gecomponiret hat Franzo: Schubert Kaplmaster der kais. Hofkappehle zu Nanking, der weltberühmten Residenz von Sr. chinesischen Mayestät. Geschrieben zu Wien in an Datum, das i nit waß, in an Jahr, das an 3 am End hat, u. an Anser im Anfang u. nachher an Ochter und wieder an Anser. Heißet also: 1813«

Im Herbst verläßt Franz das Konvikt. Endlich ist er frei. Es waren schwere, aber auch wichtige Jahre für Schubert. Er hat am Gymnasium eine gute Allgemeinbildung erworben, wie sie Joseph Haydn einst als Sängerknabe nicht geboten bekam. Gleichzeitig erhielt Schubert auch eine vielseitige musikalische Ausbildung, wobei er die Werke der Musikliteratur kennenlernte. Als Mensch hatte er Erfahrungen gesammelt und Freunde fürs Leben gewonnen.

Aber Schuberts Freiheit währt nicht lange. Dreimal fordert man ihn auf, seinen Militärdienst abzuleisten. Das aber hieße, eine lange Zeit nicht komponieren zu können. Aber das wollte er um keinen Preis. Da gibt es nur einen Ausweg: Er muß in den sauren Apfel beißen und Lehrer werden, denn diese waren damals wegen des großen Lehrermangels vom Militärdienst befreit. Schweren Herzens entschließt sich Franz zur zehnmonatigen Lehrerausbildung. Der Vater freut sich natürlich über die Entscheidung seines Sohnes. Nun herrscht zwischen Vater und Sohn wieder ein gutes Verhältnis. Das zeigt sich auch an des Vaters Namenstagsfeier 1813. Franz Theodor wird von seinen vier Söhnen mit einem Ständchen überrascht, einer Kantate, die Franz als

Terzett komponiert hat. Da er selbst noch im Stimmbruch ist, kann er die Brüder nur auf der Gitarre begleiten. Übrigens das einzige Werk Schuberts, in dem eine Gitarre vorkommt.

Franz hat die ›Kantate zur Namensfeyer des Vaters‹ sogar selbst gedichtet. Sie endet mit dem Wunsch: »Ewig währe Vater Franzens Glück.«

Im Herbst 1813 tritt Schubert in die Lehrerbildungsanstalt ein. Ein Jahr später besteht Franz mit Ach und Krach das Lehrerexamen. Als sechster Schulgehilfe seines Vaters unterrichtet er nun die nächsten drei Jahre für ein Jahresgehalt von 80 Gulden die sogenannte Taferlklasse. Er bringt also den Erstkläßlern Lesen und Schreiben bei. Man kann sich vorstellen, wie schwer Schubert das gefallen ist, denn im Geist war er immer mit Komponieren beschäftigt; »Dichten« nannte er das.

»Immer wenn ich dichtete«, erzählt der sonst so gutmütige junge Mann später einem Freund, »ärgerte mich diese kleine Bande so sehr, daß ich regelmäßig aus dem Konzept kam. Natürlich verhaute ich sie dann tüchtig.«

Auch wenn Franz dem Konvikt den Rücken gekehrt hatte, so blieb er doch mit seinen dortigen Freunden verbunden. Häufig marschierte er sonntags, mit Halstuch und Überzieher angetan, die Allee hinab zum Konvikt. Im Fortepianozimmer traf er sich mit seinen alten Kameraden, um ihnen seine neuesten Werke vorzustellen. Stadler spielte, Holzapfel sang und dann und wann setzte sich Schubert selbst ans Klavier. Mußten die Freunde zum Gottesdienst antreten, so sperrten sie Franz einfach mit einem Gedichtband und genügend Notenpapier versehen ins Musikzimmer ein. Wenn sie zurückkehrten, lag meist ein fertig komponiertes Lied auf dem Tisch. Manchmal zogen auch die Freunde singend hinauf nach Himmelpfortgrund. Das wurde vom Vater jedoch nicht gern gesehen. Er hatte Angst, Franz würde durch diese Besuche von seinen Pflichten abgehalten, von seinen Unterrichtsvorbereitungen und Privatstunden, die er erteilen mußte, um seinen spärlichen Monatslohn etwas aufzubessern. Auf Rosen gebettet waren die Schuberts nämlich immer noch nicht; der Vater hatte gleich nach dem Tod der Mutter wieder geheiratet, und Stiefgeschwister wuchsen inzwischen heran.

Trotz Lehrberuf »dichtet« Schubert in den nächsten drei Jahren eine Fülle von Werken. In dieser Zeit entstehen

> fast 300 Lieder, vier Messen, vier Sinfonien, fünf Werke für die Bühne, vier Streichquartette, verschiedene Orchesterstücke und eine Reihe von Klavierwerken.

1817 quittiert Schubert den Schuldienst in Himmelpfortgrund, denn allein »dichten« bedeutet für ihn leben.

Er ist davon überzeugt: »Ich bin für nichts als das Komponieren auf die Welt gekommen.«

Und was ist weiter aus Franz Schubert geworden?

Nun kann sich Schubert zwar ganz aufs Komponieren konzentrieren, aber wovon soll er leben? Niemand will seine Sachen aufführen, keiner seine Kompositionen drukken. Zum Glück hat Schubert gute Freunde, die ihm in seiner finanziellen Notlage helfen. Fast alle sind Künstler, selbst nicht wohlhabend, aber sie teilen das wenige mit ihm. Zeit seines Lebens wird Franz von Freund zu Freund gereicht. Sie versorgen und unterstützen ihn, denn Schubert fällt es schwer, sich im Leben zurechtzufinden. Er lebt die meiste Zeit des Tages in einer ganz anderen Welt.

»Wenn man untertags zu ihm kommt«, erzählt sein Freund, der Maler Moritz von Schwind, »sagt er ›Grüß Gott, wie geht's – Gut‹ und schreibt weiter. Worauf man sich entfernt.«

Schubert arbeitete ungemein konzentriert und schnell.

Um Goethes großartige Ballade ›Erlkönig‹ in Musik zu setzen, benötigte er nur wenige Stunden. Schubert komponierte oft mehrere Lieder an einem Tag. Er war so produktiv, daß er sich oft schon nach wenigen Tagen nicht mehr an Lieder erinnern konnte, die er kurz zuvor geschrieben hatte. So bringt er zum Beispiel einem Freund Notenblätter zur Durchsicht. Als ihm dieser zwei Wochen später eines der Lieder vorsingt, fragt Schubert interessiert: »Das Lied ist net uneben. Von wem ist denn das?«

Schubert hielt sich an einen ganz bestimmten Tagesablauf. Er setzte sich täglich um sechs Uhr morgens ans Schreibpult und komponierte in einem Zug fort bis ein Uhr nachmittags. Den Nachmittag nahm er sich frei. Schubert liebte die Natur, und so machte er fast täglich ausgedehnte Spaziergänge. Anschließend trank er in einem der Wiener Kaffeehäuser eine kleine Portion schwarzen Kaffee, rauchte ein Pfeifchen und las dabei Zeitungen.

Den Abend verbrachte er im Kreise der Freunde.

Obwohl meist verschlossen und schweigsam, war er – wie eh und je – der Mittelpunkt seines großen Freundeskreises. »Durch ihn«, schreibt Spaun, »wurden wir alle Freunde und Brüder.«

Wenn Schubert froh gestimmt war, dann belebte er den geselligen Kreis durch Heiterkeit, Witz und durch Proben seines gesunden Urteils. Diese heiteren Zusammenkünfte nannte man die »Schubertiaden« oder auch »Canevas-Abende«, weil Schubert bei jedem neu Hinzukommenden seine Freunde fragte: »Kann er was?«

Natürlich kam bei diesen Abendunterhaltungen auch der Wein nicht zu kurz, denn Schubert trank gern, aber »sehr mäßig, und auch bei großer Heiterkeit überschritt er nie ein vernünftiges Maß«.

An schönen Sommerabenden unternahmen die Freunde zuweilen auch eine Landpartie im Pferdewagen. Oder sie gingen »in ein oder das andere Theater, wo für Schubert gute Schauspiele ebenso interessant waren wie gute Opern«.

Schubertiade
Hier mußten die Zuschauer ein »lebendes Bild« erraten.
Dargestellt wurde der »Sündenfall«.

Davon angeregt schrieb der junge Komponist selbst Opernwerke, die jedoch auch später keinen durchschlagenden Erfolg hatten.

Sein Freundeskreis ersetzte Schubert die Familie, denn er blieb wie Beethoven unverheiratet. Seine wirklich große Liebe war einmal Therese Grob gewesen. In der Lichtenthaler Kirche sang sie unter Leitung des siebzehnjährigen Schubert das Sopransolo in seiner ›F-Dur Messe‹. Aber da er keine Anstellung fand, war eine Heirat ausgeschlossen.

Noch einmal ist Schubert von einem Mädchen begeistert. Der musikliebende Graf Johann Karl Esterházy verpflichtet Schubert zweimal – 1818 und 1824 – als Hauslehrer auf sein

Franz Schubert,
Zeichnung von Moritz von Schwind, um 1865

Schloß Zelesz in Ungarn. Es wird für Schubert eine unbeschwerte Zeit. Er unterrichtet die beiden Töchter und musiziert mit der gräflichen Familie. Musik wurde im ungarischen Adelsgeschlecht der Esterházy von Galántha schon immer groß geschrieben.

Wie viele andere Fürsten zu jener Zeit traten auch sie als Mäzene, also Förderer von Kunst und Künstlern, auf. Jahrhundertelang verpflichteten die Esterházy-Fürsten berühmte Künstler und Musiker an ihren Hof, so auch – etwa sechzig Jahre zuvor – Joseph Haydn, der dreißig Jahre lang für die fürstliche Kapelle lebte und komponierte.

Bei seinem zweiten Aufenthalt auf Schloß Zelesz verliebt

sich Schubert in die schöne neunzehnjährige Gräfin Karoline, ist aber zu bescheiden, ihr das zu gestehen.

1817 vermittelt Franz von Schober dem Freund die Bekanntschaft mit dem Hofopernsänger Johann Michael Vogl, der sich für Schuberts Lieder einsetzt und sie in der vornehmen Gesellschaft vorträgt. Das Bedeutende und Neue an Schuberts Liedern war: das Klavier wird nicht mehr nur als Begleitung des Gesanges verwendet, vielmehr übernimmt es einen dem Gesang gleichwertigen Part, der den Inhalt des Liedes noch vielfältiger erschließt. In einem solchen Kunstlied wird – im Gegensatz zum Volkslied – jede Strophe neu gestaltet.

Um Schuberts Lieder auch außerhalb Wiens bekanntzumachen, reisen Schubert und Vogl in den Jahren 1819 und 1825 nach Steyr, Gmunden, Bad Gastein und Linz, um Konzerte in Privatkreisen zu geben. Überall findet Schubert Freunde und Liebhaber für seine Kunst. Aber in der Öffentlichkeit bleibt seine Musik ohne Resonanz.

Selbst Goethe erkennt Schuberts musikalisches Genie nicht. Als ihm Joseph von Spaun Schubert-Vertonungen seiner Gedichte zuschickt, äußert er sich nicht. Das ist eine große Enttäuschung für Schubert.

Der Komponist besaß keinerlei Geschäftssinn. Wenn er, was selten vorkam, tatsächlich einmal Kompositionen verkaufen konnte, gab er sie viel zu billig her. Anton Diabelli zum Beispiel, Verleger von Beethoven und selbst Komponist, erwarb die Rechte der ersten zwölf Liederhefte für achthundert Gulden und verdiente dann allein an dem Lied ›Der Wanderer‹ 2700 Gulden. Im großen und ganzen jedoch zeigten die Verleger wenig Interesse für Schuberts Werke, anders als bei Beethoven, dem »die beinahe noch feuchten Notenblätter aus den Händen gerissen wurden«.

So bleiben Schuberts Kompositionen vorerst unbekannt. Die Einnahmen sind so gering, daß der Komponist sich immer wieder um eine gesicherte Anstellung bemüht. Dazu kommt es aber nie.

1827 – ein Jahr vor seinem Tod – ist Schubert Gast in

Graz im Hause des Rechtsanwalts Dr. Pachler. Frau Pachler ist mit Beethoven befreundet. Sie macht den berühmten Tonsetzer mit dem Liedwerk Schuberts bekannt. Denn obwohl auch Beethoven in Wien lebt, hat Schubert es nie gewagt, sein großes Vorbild anzusprechen.

Beethoven ist von Schuberts Liedern begeistert, sie beschäftigen ihn tagelang. In freudiger Erregung soll er viele Male ausgerufen haben: »In dem Schubert wohnt ein göttlicher Funke.« Aber er konnte nichts mehr für den jungen Komponisten tun, er war schon schwer krank und starb kurz darauf.

1828 – in Beethovens Todesjahr – erlebt Schubert sein erstes und auch einziges öffentliches Konzert mit eigenen Werken. Der Erfolg ist groß. Zu weiteren Aufführungen kommt es nicht mehr, weil Schubert ernstlich krank wird. Zu den gewohnten Kopfschmerzen treten Schwindelanfälle. Der Arzt rät ihm, vor die Tore Wiens zu seinem Bruder Ferdinand zu ziehen, um Hilfe zu haben, wenn die Krankheit schlimmer würde.

Noch zwei Wochen vor seinem Tod hat der Kranke das Bedürfnis, sich musikalisch weiterzubilden. Er meldet sich bei Simon Sechter, einem Wiener Musiktheoretiker, als Schüler an, um sich mit dem Studium der Fuge zu befassen.

Am 12. November schreibt er an Schober: »Ich bin krank, ich habe schon 11 Tage nichts gegessen und getrunken und wandle matt und schwankend von Sessel zu Bett und zurück.«

Die Ärzte stellen Bauchtyphus fest.

Am 19. November wartet Sechter auf seinen Schüler Schubert. Langsam wird er ärgerlich. ›Schubert ist unpünktlich‹, denkt er. ›Das muß er sich abgewöhnen.‹

Sechter wartet vergebens. Schubert ist tot. Sein hinterlassenes Werk, das in einer so kurzen Lebensspanne entstanden ist, umfaßt rund 1000 Kompositionen:

600 Lieder, 8 Sinfonien, Orchesterwerke, Klaviermusik, Kammermusik, Opern, weltliche Chorwerke und Kirchenmusik.

Nur wenige dieser Kompositionen lagen zu seinen Lebzeiten gedruckt vor.

Am 21. 11. 1828 wird Franz Schubert, erst einunddreißig Jahre alt, unter »verhältnismäßig reger Teilnahme« auf dem Währinger Friedhof in der Nähe Beethovens beigesetzt.

Die Freunde wissen, was sie an Schubert verloren haben:

»Schubert ist tot und mit ihm das Heiterste
und Schönste, das wir hatten« –
»die ehrlichste Seele, der treueste Freund.«

Frédéric – Fürst unter Fürsten

Als sie die Tür öffnete, hatte sie ihren putzigen Pekinesen im Arm. Draußen stand ein schlanker, hochgewachsener junger Mann mit blassem Gesicht und hervorspringender Nase. Er schaute sie von oben bis unten an und schüttelte lächelnd den Kopf. Ausgerechnet seine Freundin mußte enge Hosen und Röhrenstiefel tragen – zu damaliger Zeit etwas höchst Ungewöhnliches, denn man schrieb das Jahr 1837 –, und gerade er legte doch so großen Wert auf elegante Kleidung.

Er lehnte seinen silbernen Spazierstock an die Tür und begrüßte sie herzlich.

»George, chère amie, ich freue mich, dich wiederzusehen. Wie geht es unserem kranken Chinesen?« und er streichelte dabei dem kleinen Pekinesen behutsam den Kopf.

»Oh, dem geht es bestens«, sagte sie, »paß auf«, und hopp – ließ sie ihn aus ihrem Arm springen.

Sofort tobte der kleine Kerl wie wild durchs Zimmer und kugelte sich über die Perserteppiche. Plötzlich raste er im Kreis herum und versuchte, seinen eigenen Schwanz zu schnappen. George mußte lachen.

»Der kleine Schauspieler muß doch immer im Mittelpunkt stehen. Sieh doch, was er wieder für eine Vorstellung gibt.«

Aber ihr junger Freund schien das nicht zu hören. Er stand ganz in sich versunken da. Plötzlich setzte er sich ans Klavier und begann zu spielen. Rasche Achtelnoten kreisten immerzu um den Ton As, und allmählich entwickelte sich aus dieser kreisenden Bewegung eine graziöse, leichte Walzermelodie in Des-Dur. Als der letzte Akkord verklungen war, blickte er fragend zu seiner Freundin George Sand auf.

»Du bist großartig, Frédéric, du hast das Spiel meines

Lieblings einfach hinreißend in Musik umgesetzt. Durch dich wird jetzt unser kleiner Pekinese unsterblich werden.«

Und so war es auch. Schon wenig später wurde das Stück gedruckt.

Auf dem Titelblatt stand:

›Walzer in Des-Dur‹
von
FRÉDÉRIC CHOPIN

Obwohl Chopin die zweite Hälfte seines Lebens bis zu seinem Tode in Frankreich lebte und sein Vater Franzose war, hat sich Frédéric im Grunde seines Herzens immer als Pole gefühlt. In Polen war er geboren, dort hatte er seine Kinder- und Jugendjahre verbracht, und das war die glücklichste Zeit seines Lebens.

Frédérics Vater, Nicolas Chopin, ging im Jahre 1788 als siebzehnjähriger junger Mann durch das Menschengewirr Warschaus, der Hauptstadt Polens. Man sah, er war fremd hier. Er trug ein Bündel über dem Rücken. Darauf waren ein Geigenkasten und ein Flötenetui geschnallt. Nicolas, gerade aus Frankreich gekommen, stand da und sperrte Mund und Augen auf, denn was er hier in Polens Hauptstadt alles zu sehen bekam, verschlug ihm den Atem. Da konnte man finstere Tartaren sehen, Kosaken hoch zu Roß, vornehme Gräfinnen, die aus ihren Kaleschen schauten, Inder mit Turban und bunten Gewändern, vornehme Engländer in eleganten Einspännern, Polen mit großen Bärten, weiten Mänteln, Degen und farbigen Stiefeln, Türken mit Säbeln und Pluderhosen, Griechen und Russen, Japaner und Chinesen.

Und dann die Bauwerke! Neben zahlreichen, prunkvollen Palais' ragten Häuserruinen, neben vornehmen Bürgerhäusern mit schönen Fassaden standen armselige Holzhütten italienischer Arbeiter, die mitgeholfen hatten, Warschau zu einer der größten und schönsten Städte Europas zu machen. Freilich, die Straßen waren auch hier noch nicht gepflastert. Regnen durfte es nicht, sonst steckte man knöcheltief im Schlamm. Aber der Regen hatte auch seine guten Seiten, denn er spülte den Müll weg, der dort, wie damals überall, einfach auf die Straße geworfen wurde.

Als Kreuzungspunkt zwischen Nord und Süd, Ost und West war Warschau eine Stadt voller Gegensätze.

›Das ist eine andere Welt, als die zu Hause‹, dachte Nicolas, der ein paar Wochen zuvor aus seinem kleinen französischen Heimatdorf Mainville ausgezogen war, um hier in Warschau sein Glück zu machen. Sicher, er war ein Abenteurer, aber er wußte genau, was er wollte. Zwar hatte er nur armseliges Gepäck bei sich, dafür aber besaß er einen gesunden Menschenverstand: ihm war klar, daß in allen Salons der vornehmen Gesellschaft Polens französisch gesprochen wurde. Was lag für Nicolas näher, als zu versuchen, Französischunterricht zu erteilen? Hauslehrer für Fürstenkinder waren gesucht.

Anfangs freilich verlief nicht alles so glatt, wie er es sich vorgestellt hatte.

Der 24jährige wird in einen blutigen Aufstand verwikkelt, der ihn beinahe Kopf und Kragen gekostet hätte. In erbitterten Straßenschlachten kämpft Nicolas auf seiten des polnischen Nationalhelden Kościuszko gegen preußische, russische und österreichische Truppen. Diese drei Länder hatten Polen kurz zuvor unter sich aufgeteilt. Der Aufstand wird niedergeschlagen. Nicolas trägt sich mit dem Gedanken, in seine Heimat zurückzukehren. Aber dann wird er krank, und so ist er gezwungen, in Warschau zu bleiben. Nicolas macht aus der Not eine Tugend. Er ist ehrgeizig und lernt während seiner Krankheit so viel es geht. Bald spricht er neben Französisch auch Polnisch, Deutsch, Englisch und Latein. Kurze Zeit später ist er als Privatlehrer tätig. Zu seinen Schülerinnen gehört auch die adlige Maria Laczynski, die später als Maria Walewska die Geliebte Napoleons wird. Gräfin Skarbek, die häufig im Hause Laczynski zu Gast ist, überredet Nicolas, als Hauslehrer auf ihr Landgut zu kommen.

»Ich bin geschieden und brauche einen klugen, verständnisvollen Erzieher für meine Kinder«, sagt sie zu ihm.

1806 finden wir Nicolas Chopin im gräflichen Herrenhaus von Zelazowa-Wola, draußen vor den Toren Warschaus. Das war ein wunderschönes Anwesen mit hohen Bäumen und einem munteren Bach, der in einen seerosenbewachsenen Teich floß.

Aber da gab es noch eine Person, die sich um die fünf Skarbek-Kinder kümmerte: Justyna Krzyzanowska. Die verwaiste Kusine der Gräfin war hier als Haus- und Gesellschaftsdame tätig. Täglich begegneten sich die beiden, und auch bei Tisch saßen sie sich gegenüber. Die höfliche und bescheidene Art des Mädchens gefiel Nicolas. Bald wurde gegenseitige Zuneigung daraus. Die beiden gingen im großen Park spazieren oder sie musizierten zusammen. Justyna spielte recht nett Klavier, und so konnte sie Nicolas zur Flöte und Geige begleiten.

Vier Jahre später – 1806 – heirateten sie und bezogen drei niedere Zimmer eines langgestreckten Gebäudes, das dem Herrschaftshause gegenüber lag. Ein Jahr darauf wurde ein Mädchen geboren, Louise. Am 1. März 1810 kommt Frédéric-Francis auf die Welt.

Das Geburtshaus in Zelazowa-Wola

Es war gerade Karneval. In dieser närrischen Zeit zogen die Dorfmusiker von Zelazowa von Haus zu Haus und spielten für eine Portion Wurst oder einen Krug Wein lustige Tanzweisen. Gerade als Frédéric-Francis geboren wurde, spielten die Musikanten vor Justynas Fenster auf. Vielleicht war es einer der polnischen Nationaltänze, eine Polonaise oder Mazurka, die Chopin so liebte und von denen er später so viele komponiert hat.

Aber Chopins wohnten nur ein halbes Jahr draußen auf dem Lande. Nicolas bekam plötzlich vom Direktor des Warschauer Gymnasiums das Angebot, dort als Französischlehrer zu arbeiten. Er nahm diese Stelle gern an, denn er hatte Sehnsucht nach Kultur und Abwechslung. Darüber hinaus gingen die Skarbekkinder eins nach dem anderen aus dem Haus. Und da blieb für den Lehrer und die Erzieherin nicht mehr allzuviel zu tun.

In Warschau bezogen sie eine geräumige Wohnung innerhalb der Schule, die im Sächsischen Palais untergebracht war. Da die Einkünfte Nicolas' sehr gering waren, erhielt er vom Direktor die Erlaubnis, sechs Jungen begüterter Familien in Pension zu nehmen. Darunter waren auch zwei Skarbekkinder. Als 1811 Isabelle geboren wurde und zwei Jahre darauf Emilie, nahmen die Chopins, um standesgemäß leben zu können, noch mehr Jungen in Pension. Frédéric freundete sich später mit einigen von ihnen an.

Die Pension Chopin hatte einen guten Ruf in Warschau. Aristokratische Familien, die auf ihren großen Landgütern wohnten, waren erpicht darauf, ihre Kinder dort unterzubringen und erziehen zu lassen. Nicolas wählte die Knaben sehr genau aus, denn er wollte, daß die jungen Hausgenossen einen guten Einfluß auf seine Kinder ausübten.

Die ersten Reaktionen des kleinen Frédéric auf Musik waren für die Eltern zunächst enttäuschend. Er schrie und weinte, wenn er nur ein paar Töne vernahm. Da er noch nicht sprechen konnte, merkten die Eltern erst nach einer Weile, daß sein Schreien Freude an der Musik bedeutete. Als die Mutter nämlich wieder einmal Klavier spielte und Frédéric wie eh und je zu schreien anfing, brach sie das Klavierspiel ab. Da wurde auch der Kleine still. Aber nun sah er sie mit flehendem Blick an und deutete auf das Klavier.

Später, als er schon laufen konnte, schlich sich der kleine Frédéric, wenn seine Mutter spielte, ins Zimmer, hockte sich auf den Teppich unter das Klavier und lauschte. Als er drei Jahre alt war, setzte sich der Knirps neben sie und war fasziniert vom Spiel ihrer Finger. Und wenn niemand in der Nähe war, stieg er behend auf den Klavierhocker, drückte die Tasten nieder und suchte sich kleine Melodien zusammen.

Die Mutter bemerkte die ersten Versuche des kleinen Frédéric und freute sich, daß auch er musikalische Begabung zeigte, so wie Louise, die drei Jahre ältere Schwester. Diese war sehr musikalisch, und auch sie hat später eigene Mazurken komponiert.

»Louise ist begabt«, sagte die Mutter eines Tages zu ihrem Mann. »Sie sollte guten Klavierunterricht bekommen.«

Vater Chopin war sofort für den Plan zu gewinnen. »Shywny ist vielleicht der richtige Lehrer für Louise«, sagte er. »Er ist ein älterer, äußerst liebenswürdiger Böhme. Und Böhmen sind meist gute Musiker. Fürst Sapieha hat ihn als Hauspianisten von seinem Landgut in Böhmen mitgebracht. Hier in Warschau gibt er Söhnen und Töchtern wohlhabender Familien Klavierunterricht. Er ist außerdem sehr belesen und gebildet.«

Die Kinder schlossen den neuen Klavierlehrer gleich in ihr Herz. Shywny war ein stattlicher Mann mit großer Adlernase. Er trug eine rote, immer schiefsitzende Krawatte und große Schaftstiefel. Bald ging er als Freund des Hauses bei den Chopins ein und aus.

Wenn Louise übte, hielt sich Frédéric stets in der Nähe des Klaviers auf. Eines Tages schob der Fünfjährige die

Schwester vom Hocker und sagte: »Laß mich mal probieren.«

»Aber du kannst doch noch gar nicht spielen, Frycek«, antwortete die Schwester ärgerlich.

»Dann zeig mir's doch, bitte, Louise!«

Das Mädchen ging darauf ein und setzte den kleinen Bruder neben sich. Sie legte seine Finger auf die Tasten und erklärte ihm die Töne. So wurde die Schwester Frédérics erste Lehrerin. Aber immer häufiger saß der Knirps allein am Klavier und versuchte, kleine Tanzmelodien zu erfinden.

»Vater, ich möchte auch bei Herrn Shywny Unterricht haben«, bettelte er immer wieder.

Aber Nicolas schüttelte den Kopf und sagte:

»Frycek, du bist noch zu jung und noch nicht kräftig genug dafür. Wenn du unbedingt etwas lernen willst, laß es dir von Mutter auf dem Klavier zeigen.«

Und so begann Justyna mit dem Jungen zu üben. Frédéric machte schnell Fortschritte. Vor allem Tanzstücke hatten es ihm angetan, allen voran die übermütigen Mazurken mit ihrem stark betonten Rhythmus.

Eines Nachts vernahm der Vater im Halbschlaf so etwas wie Musik. Zuerst dachte er, er träume. Dann aber wurde die Musik lauter. Ohne Zweifel, irgendwo im Hause wurde Klavier gespielt. Nicolas setzte sich erschreckt im Bett auf. Da schien etwas nicht mit rechten Dingen zuzugehen. Er schlüpfte in seinen Schlafrock, rannte barfuß die Treppe hinunter und öffnete leise die Tür zum Musikzimmer. Da saß der Dreikäsehoch im Nachthemd auf dem Klavierhokker, blickte zur Decke empor und improvisierte. Über seinem intensiven Spiel bemerkte er den Vater gar nicht. Erst als dieser donnerte: »Frycek, das geht zu weit«, zuckte der Junge erschrocken zusammen.

»Ich hatte gerade so schöne Melodien im Kopf. Die wollte ich schnell einmal ausprobieren«, stotterte Frédéric.

»Mir wäre es lieber, du würdest sie tagsüber ausprobieren, mein Junge!« antwortete der Vater. »Und jetzt marsch ins Bett!«

Vater Nicolas ging sehr nachdenklich die Stufen zum Schlafzimmer empor. Wenn den sechsjährigen Jungen die Melodien selbst nachts nicht in Ruhe ließen, dann war das schon außergewöhnlich. Eine solche Begabung mußte man stärker unterstützen. Am nächsten Morgen teilte er seiner Frau die nächtlichen Gedanken mit, und diese war ganz seiner Meinung.

»Du hast recht, Nicolas. Ich kann dem Jungen kaum noch etwas auf dem Klavier beibringen. Lassen wir ihn doch auch bei Shywny Unterricht nehmen.«

Frédéric war überglücklich. Endlich ging sein großer Wunsch in Erfüllung. Zu Beginn jeder Unterrichtsstunde setzte sich Shywny eine kleine Brille auf und stopfte in die riesengroßen Löcher seiner Adlernase Schnupftabak. Davon lag dann immer die Tastatur voll. Nun mußte er in regelmäßigen Abständen niesen, zog deshalb sein großes buntes Taschentuch heraus und schneuzte sich laut und vernehmlich.

Aus seiner linken Jackentasche schaute ein großer Bleistift hervor. Mit dem schrieb Shywny Fingersätze und Spielanleitung in die Noten oder klopfte damit den Schülern auf die Finger, wenn sie falsch spielten; er war sehr streng. Bei Frédéric allerdings zog er nur selten den Bleistift aus der Tasche, denn der Junge besaß eine schnelle Auffassungsgabe, ein gutes Gedächtnis und große Fingerfertigkeit. Schon nach kurzer Zeit hatte der begabte Schüler seinen Lehrer im Klavierspiel übertroffen.

So beschränkte sich Shywnys Aufgabe in den folgenden Jahren nur noch darauf, Frédérics musikalische Entwicklung zu überwachen und ihn mit bedeutenden Werken und Komponisten bekannt zu machen.

Shywny verehrte besonders Johann Sebastian Bach und Wolfgang Amadeus Mozart. Oft erzählte er Frédéric aus ihrem Leben und ließ den Jungen als tägliche Übung Präludien und Fugen von Bach spielen. Daneben wurden im Unterricht Werke von Händel, Beethoven und Weber erarbeitet. In der zweiten Hälfte der Klavierstunde improvisierte Frédéric und trug seinem Lehrer selbsterdachte Stücke vor. Dann griff Shywny mitunter rasch zur Feder und notierte, was der Junge spielte. Denn Noten aufschreiben, die unter seinen Fingern lebendig wurden, das konnte Frédéric noch nicht richtig. Auf diese Weise entstanden die ersten notierten Kompositionen des jungen Chopin. Es waren natürlich, wie könnte es anders sein, allesamt Mazurken und Polonaisen.

Wenn Shywny ein Stück aufgeschrieben hatte, ließ sich Frédéric das Notenblatt geben und spielte den ersten Entwurf. Aber meist war der kleine Komponist damit nicht zufrieden. Ihm fielen schon wieder neue, bessere musikalische Wendungen ein. Und es wurde abgeändert und verbessert, bis Frédéric an dem Klavierstück nichts mehr auszusetzen fand. So entstand auch die kleine ›Polonaise in g-moll‹, die als erstes Stück Chopins im Januar 1818 gedruckt wurde. Das hatte Abt Cybulski, ein Freund des Hauses, veranlaßt, der von der hohen Begabung des Jungen überzeugt war.

Dieser Komposition des noch nicht einmal Achtjährigen zollten nicht nur Musikkenner sondern auch Musikkritiker Anerkennung: »Der Komponist dieses polnischen Tanzes ist erst acht Jahre alt. Er ist der Sohn von Nicolas Chopin, eines Lehrers für Französisch und Literatur am Warschauer Gymnasium. Er spielt nicht nur auf dem Klavier mit bemerkenswerter Leichtigkeit und Geschmack die schwierigsten Stücke, sondern er hat schon mehrere Tänze und Variationen komponiert, die Kenner und Kritiker in Erstaunen versetzen . . . Wäre er in Deutschland oder Frankreich geboren, wäre er zweifellos in allen Ländern der Welt bereits berühmt. Möge dieser Aufsatz dem Leser in Erinnerung rufen, daß auch unser Land Genies hervorzubringen vermag.«

Der junge Chopin verbrachte viele Stunden am Klavier, aber es war bei ihm doch nicht so wie bei anderen Wunderkindern, daß es für ihn nichts anderes gab als Musik. Frédéric mußte man nicht, wie etwa den kleinen Mozart, gewaltsam vom Klavier wegziehen. Ihm war jede Abwechslung willkommen. Oft sprang er plötzlich während des Klavierspiels auf, lief zum Tisch und zeichnete flink »hübsche kleine Nichtigkeiten«. Frédéric hatte eine angeborene Begabung fürs Zeichnen. Am liebsten zeichnete er Karikaturen. Kaum hatte er ein neues Gesicht gesehen, schon spitzte er seinen Bleistift. In einem Brief an die Eltern schreibt er später einmal im Spaß: »Ich habe beschlossen, Maler zu werden, denn nichts ist leichter, als mit dem Pinsel über's Papier zu fahren.«

Aber Frédéric malte nicht nur fabelhaft, auch das Schreiben machte ihm Freude. Schon als Sechsjähriger kritzelte er kleine selbstgemachte Gedichte auf Zeitungsränder oder Butterbrotpapier. Mit Vergnügen schrieb er Briefchen. Einige an die Eltern sind erhalten. In ihnen spürt man die Liebe zur Mutter und die Verehrung für den Vater.

In einem Brief des Siebenjährigen an die Mutter heißt es:

> »Ich sende Dir, liebe Mama, meine herzlichsten Glückwünsche zum Namenstag. Der Himmel möge wahrmachen, was mein Herz begehrt: Du sollst immer gesund und glücklich sein. Mögest Du ein langes Leben in Glückseligkeit verbringen.«
>
> F. Chopin (16. Juni 1817)

Auch die Geschwister hingen sehr an der Mutter. Sie war der Mittelpunkt des Familienlebens: gütig, ausgleichend und verständnisvoll. Chopin bezeichnet sie später einmal als »die beste aller Mütter«, und George Sand behauptete sogar, Justyna sei »die einzige Liebe Chopins« gewesen.

Als Achtjähriger schreibt Frédéric an seinen Vater:

> »Mein lieber Papa! Viel leichter würde es mir fallen, meinen Gefühlen Ausdruck zu verleihen, wenn ich sie in Klänge umsetzen könnte; aber auch das beste Konzert vermöchte die Liebe, die ich für Dich, lieber Papa, empfinde, nicht zu umfassen. So bin ich gezwungen,

schlichte Worte meines Herzens zu Hilfe zu nehmen, um Dir die innigste Dankbarkeit und Anhänglichkeit in kindlicher Ehrerbietung darzubringen.«

F. Chopin (6. 12. 1818.)

Frédéric hat den Vater zeit seines Lebens hoch verehrt: seine Bescheidenheit, aber auch seinen festen Willen. Nicolas besaß Verstand, Bildung und Urteilsfähigkeit. Als guter Lehrer wandte er Güte und Strenge im richtigen Verhältnis an. Für Frédérics überschäumende Phantasie war es wichtig, daß der Vater ihn im klaren Denken und in seiner Urteilskraft schulte und ihm Disziplin abverlangte.

Anfang Februar 1818 stürzte Nicolas Chopin aufgeregt zur Tür herein und schwenkte einen Brief in der Hand.

»Justyna«, rief er, »stell dir vor, Frycek soll öffentlich auftreten. Er darf bei einem Wohltätigkeitskonzert als Pianist mitwirken. Das sechsjährige gräfliche Wunderkind Zygmunt Krasinski wird ebenfalls dabei sein und eigene Gedichte vortragen.«

Frédéric lachte aus vollem Halse, als er von der Einladung hörte. Er rannte ans Klavier und spielte einen Galopp.

»Vater, was meinst du, soll ich bei diesem Konzert einen selbstkomponierten Galopp vortragen oder eine Polonaise?«

»Überlasse das am besten Shywny, mein Junge. Er kann das besser beurteilen als ich«, antwortete der Vater.

Schon am Nachmittag saßen Frédéric und sein Lehrer zusammen und besprachen, welches Stück für diesen Auftritt am besten geeignet wäre. Endlich entschied man sich für den ersten Satz des Klavierkonzerts von Adalbert Gyrowetz.

Dieser Komponist war zu jener Zeit ebenso beliebt wie Haydn oder Mozart. Er hat auch wirklich schöne Musik komponiert, die aber leider heute kaum jemand mehr kennt und spielt.

An Frédérics achtem Geburtstag war das Haus Chopin voll nervöser Hektik. Ausgerechnet an diesem Tag sollte Frédéric zum erstenmal öffentlich auftreten. Die Eltern waren aufgeregter als Frédéric selbst. Ihm machte das Ganze nämlich sichtlich Spaß. Er zog seine schwarzen Kniehosen an, schlüpfte in seine Samtjacke und ließ sich von Louise einen wunderschönen weißen Kragen umlegen. Alle diese eleganten Sachen hatte er heute auf dem Gabentisch vorgefunden, und natürlich durfte er sie zu seinem Konzert auch gleich tragen. Er schaute in den Spiegel und war überrascht, wie vornehm er aussah. So würde er dem Publikum sicher gefallen. Auch in späteren Jahren legte Chopin immer großen Wert auf gepflegte Kleidung.

Und dann war es soweit. Noch einen Kuß für die Mutter, die krank im Bett lag.

»Wie gern wäre ich dabei«, sagte sie traurig und zupfte ihm den Kragen zurecht. »Du siehst aus wie ein richtiger Prinz. Ich wünsche dir Glück, mein Junge.«

Wenig später saß Frédéric in der prunkvollen Kalesche, die ihn zum Konzert bringen sollte: flankiert vom stolzen Vater und von Shywny, der zu diesem feierlichen Anlaß einen zitronengelben Anzug trug.

Zygmunt Krasinski, das dichtende Wunderkind, war nicht erschienen. So blieb Frédéric allein die Attraktion des Abends. Alle Anwesenden, die bedeutendsten Leute der Warschauer Gesellschaft, lauschten erstaunt dem musizierenden Wunderkind. Der kleine Kerl übertraf alle Erwartungen.

Das Konzert war eine Sensation. Fürsten und Gräfinnen, Musikinteressierte und Kenner waren hingerissen von dem vollendeten Spiel des gerade achtjährigen Jungen. Sie waren von ihren Stühlen aufgesprungen und applaudierten.

»Bravo dem neuen Mozart«, hörte man die Zuhörer rufen.

Und dann wollte jeder dem jungen Pianisten die Hand

drücken, und Nicolas hatte es schwer, seinen Sohn den Armen der entzückten Damen zu entreißen.

Zu Hause erzählte er, wie alles gewesen war.

»Komm«, sagte die Mutter, »setz dich zu mir ans Bett, Frycek, und erzähle. Was hat dem Publikum am besten gefallen?«

»Mein Kragen, Mutter, mein neuer weißer Kragen«, rief Frédéric begeistert aus.

Justyna mußte lachen.

»Und denk dir, Mutter, sieben vornehme Leute haben mich eingeladen, in ihren Häusern zu spielen. Alle wollen mich noch mal sehen und hören. Darf ich dann wieder die neuen Kleider anziehen?«

Frédéric durfte in der nächsten Zeit sogar sehr häufig seinen neuen weißen Kragen zeigen, denn der blasse, natürlich wirkende Junge wurde schnell zum Liebling der Warschauer Gesellschaft. Man riß sich geradezu um ihn. Wer etwas auf sich hielt, forderte den jungen Chopin auf, in seinem Salon zu spielen. Und die Damen, die ihn zärtlich »Chopinek« nannten, überhäuften ihn mit Geschenken. Durch seinen natürlichen Charme und seine pianistischen Fähigkeiten stand der wohlerzogene Frédéric in jeder vornehmen Gesellschaft im Mittelpunkt. Wenn er Klavier spielte war Frédéric

ein Fürst unter Fürsten.

Als höchste Ehre für die Chopins aber galt es, wenn Frédéric vor Großherzog Konstantin spielen durfte, der als Bruder des russischen Zaren Vizekönig von Polen war. Mehrere Male hielt dessen Prunkkarosse vor der Pension Chopin, um den Jungen ins Großherzogliche Palais Belvedere zu bringen. Das Gefährt wurde von vier Rappen gezogen, auf denen Kosaken saßen. Manchmal erschien die Kalesche auch ganz unerwartet. Dann wußte Frédéric bereits Bescheid.

Schon ehe sie vor dem Palais hielt, konnte man durch die offenen Fenster die Tobsuchtsausbrüche des Großfürsten hören. Wenn Konstantin einen dieser gefürchteten Wutanfälle bekam, vermochte ihn nur das Spiel des jungen Chopin zu beruhigen. Dann saß Konstantin stundenlang neben Frédéric am Klavier, und schon nach kurzer Zeit hatten sich die Falten in seinem Gesicht geglättet.

Als der junge Musiker wieder einmal im Palais am Klavier saß, fragte ihn der Fürst: »Warum schaust du beim Spielen immer nach oben? Liest du die Musik von der Decke ab?«

Frédéric mußte lachen. Er hatte nämlich schon von klein auf die Angewohnheit, beim Improvisieren an die Decke zu starren, um sich ganz auf sein Spiel konzentrieren zu können.

Chopin war nicht ungern im großherzoglichen Palais, denn Konstantin und dessen Frau waren sehr musikinteressiert. Einmal überraschte der inzwischen Neunjährige den Großherzog mit der Komposition eines Militärmarsches. Konstantin war so begeistert, daß er fortan diesen Marsch bei allen Militärparaden spielen ließ.

Am 21. November 1819 gab eine der berühmtesten und reichsten Sängerinnen der damaligen Zeit, die Italienerin Angelica Catalani, einige Konzerte in Warschau. Der junge Chopin wurde ihr als der beste Pianist der Stadt vorgestellt. Sie war von Frédérics Grazie und Heiterkeit begeistert.

»Komm her, Bambino«, scherzte sie und zog ihn auf ihren Schoß. »Ich will dir etwas schenken.«

Und sie nahm aus ihrem Täschchen eine kleine goldene Uhr. Chopin hat dieses mit einer Widmung versehene Präsent stets in hohen Ehren gehalten und immer bei sich getragen.

Nicolas war klug genug, seinen Sohn, der nicht gerade vor Gesundheit strotzte, keine Wunderkindkarriere zuzumuten. Er wollte aus ihm keinen zweiten Mozart machen, der von seinem sechsten Lebensjahr an auf Reisen war, um Konzerte zu geben, und auf diese Weise nie eine richtige Kindheit hatte.

Frédéric sollte ein harmonisches, geregeltes Zuhause haben, in dem sich seine musikalischen Fähigkeiten in Ruhe entfalten konnten. In dieser ausgeglichenen Atmosphäre übte der junge Chopin täglich ungefähr drei Stunden, gerade so viel und so lange wie es ihm Spaß machte. Wütend wurde er nur, wenn er mit seinen kleinen Fingern nicht die großen Intervalle greifen konnte. Dagegen mußte er etwas tun!

Und Frédéric hatte eine Idee. Er holte sich ein scharfes Messer aus der Küche, setzte sich in eine Ecke ans Fenster und begann, kleine Hölzchen zu schnitzen. Die steckte er sich nachts heimlich zwischen die Finger, um sie zu spreizen. Glücklicherweise bemerkte es sein Vater noch rechtzeitig. Er überzeugte Frédéric davon, wie gefährlich ein solches Unterfangen für ihn werden könnte. Chopins späterer Freund, der Komponist Robert Schumann, war ja als junger Bursche auf eine ähnliche Idee gekommen. Er hatte sich den vierten Finger auf die Innenfläche seiner Hand gebunden, um ihn gelenkiger zu machen. Schumann konnte ihn zeit seines Lebens nicht mehr richtig beim Klavierspiel einsetzen und mußte seine Pianistenlaufbahn aufgeben.

Mit elf Jahren gab es für Frédéric kein Stück mehr, das für ihn zu schwer gewesen wäre, und Shywny konnte ihm nun wirklich nichts mehr beibringen.

Chopin sagte später anerkennend von seinem ersten und einzigen Klavierlehrer: »Er hat mich alles gelehrt.«

Der Zwölfjährige komponiert zum 65. Geburtstag seines Lehrers eine Polonaise in As-Dur; das erste eigenhändig geschriebene Manuskript Chopins, das erhalten geblieben ist. Es war gleichzeitig so etwas wie ein Abschiedsgeschenk für Shywny, denn Vater Nicolas fand diese Komposition so gut, daß er den Klavierunterricht seines Sohnes beendete und den Jungen statt dessen von einem tüchtigen Kompositionslehrer unterrichten ließ.

Der Schlesier Joseph Xaver Elsner, der Gründer des Warschauer Konservatoriums und erfolgreicher Komponist vieler Sinfonien, Kantaten und Opern, schien ihm der richtige Mann dafür zu sein.

Joseph Xaver Elsner bewohnte zwei Zellen eines Klosters, um ungestört komponieren zu können. Jedesmal, wenn Frédéric bei ihm eintrat, mußte er seinen Lehrer nach altem polnischen Brauch auf die rechte Schulter küssen. Elsner erwiderte den Kuß des Jungen auf beide Wangen.

Er erkannte sofort Frédérics ungewöhnliche Begabung und band ihn nicht an strenge Regeln. So konnte der junge Chopin beim Komponieren seiner Phantasie freien Lauf lassen.

Frédéric war dreizehn Jahre alt, als er zum ersten Mal die Schule besuchte. Lesen und Schreiben hatte er von seiner älteren Schwester Louise gelernt; alles andere von seinem Vater, der seinen Sohn mit den Pensionsschülern unterrichtete. Französisch beherrschte er ohnehin, weil alle Chopinkinder zweisprachig, also polnisch und französisch, aufwuchsen. Im Herbst 1823 nahm Nicolas seinen Sohn mit aufs Gymnasium, an dem er unterrichtete.

»Auch wenn du musikalisch begabt bist, mußt du einen ordentlichen Schulabschluß haben«, sagte der Vater, »denn mit einem Abitur steht dir die Welt offen.«

Zunächst machte Frédéric die Schule auch großen Spaß. Drei Jahre lang bekam er zum Schuljahresabschluß einen Preis überreicht. Sein Name wurde sogar auf einer Ehrentafel eingetragen, die in der Schule angebracht war, und er fand im ›Warschauer Kurier‹ Erwähnung.

Als die Mutter des Zaren, Maria Theodorowna, einmal das Gymnasium besucht, spielt ihr Frédéric zwei selbstkomponierte Polonaisen vor.

Die Fürstin ist begeistert vom jungen Chopin und fragt ihn: »Du hast einen so schönen französischen Namen. Kannst du denn auch französisch sprechen?«

Da verschränkt Frédéric die Arme hinter seinem Rücken und sagt ein französisches Gedicht auf. Und dann plaudern die beiden noch eine Weile auf Französisch, der Sprache der vornehmen Gesellschaft jener Zeit.

Frédéric besaß neben seinen musikalischen, zeichnerischen und dichterischen Fähigkeiten auch ein großes mimisches Talent. Er verstand es, täuschend echt seine Lehrer zu imitieren. Den größten Beifall erhielt Frédéric, wenn er den Pfarrer Petzel nachahmte. Der predigte nämlich abwechselnd deutsch und polnisch, erst einen Satz in Deutsch, den er auf Polnisch wiederholte, das er nur unvollkommen beherrschte. Frédéric stellte sich dabei auf einen Stuhl, blies die Backen auf und verkündete mit wild gestikulierenden Händen und im salbungsvollen Ton seine Kauderwelschpredigten. Die Freunde lachten Tränen.

Zu Hause gehörte das Theaterspielen fast zum täglichen Programm, denn auch Frédérics Schwester Louise, die elfjährige Emilie und die kleine Isabell waren begeisterte Schauspielerinnen. Wann immer die Kinder Zeit fanden, verkleideten sie sich, und dann wurde einfach drauflosgespielt. Meist ging es bei den improvisierten Stücken sehr lustig zu. Späße waren das Wichtigste, je derber und pfiffiger, desto besser. Deshalb nannten sie ihre verrückten Theaterspiele auch »Hanswurstiaden«.

Zu Vaters Geburtstag schrieb Frédéric mit der schriftstellerisch begabten Emilie zusammen eine Komödie, in der er einen dickwanstigen Bürgermeister spielte. Er reagierte schlagfertig, als die aufgeregte Emilie in ihrem Text steckenblieb und improvisierte so geschickt, daß die Szene gerettet wurde. Ein anwesender Schauspieler und Freund des Vaters war so begeistert von Frédérics Talent, daß er versprach, ihn zu einem hervorragenden Schauspieler auszubilden.

Auch später, als Chopin in Paris wohnte, liebte er Verkleidung und schauspielerische Einlagen. Oftmals, wenn er den Freunden ein trauriges Stück vorgespielt hatte, stand er vom Flügel auf, ging zum Spiegel, strich sich Haare und Krawatte zurecht, und zeigte sich auf einmal in der Gestalt eines phlegmatischen Alten oder einer sentimentalen und lächerlichen Engländerin. Selbst bedeutende Schauspieler waren von Chopins mimischen Darbietungen hingerissen.

Die unbeschwertesten Tage seiner Kindheit erlebt Frédéric in den Sommerferien 1824/25. Sein Klassenkamerad, Dominik Dziewanowski, hatte ihn auf das Landgut seiner Eltern in Szafarnia, südlich von Warschau, eingeladen. Und die Luftveränderung tat dem blassen, kränklich aussehendem Jungen wahrhaftig gut.

So schreibt Frédéric vergnügt aus Szafarnia nach Hause: »Es geht mir Gott sei Dank gut. Ich lese nicht, ich schreibe nicht, aber ich spiele Klavier und zeichne, ich genieße die Luft, wenn ich mit dem Wagen ausfahre oder wie gestern auf dem Pferd über Land reite. Und ich habe einen ungewöhnlichen Appetit.«

Schon frühmorgens preschen Frédéric und sein Freund Dominik zu Roß durch Wälder und Wiesen.

»Ich amüsiere mich gut«, schreibt er an seinen Freund Wilhelm von Kolberg. »Nicht nur du kannst reiten, auch ich kann es jetzt. Frage mich nicht wie – aber ich kann es: wie ein Affe auf einem Bären! Ich bin noch nicht heruntergefallen, weil es mein Pferd noch nicht gewollt hat . . .«

Die Kinder gehen im nahen Froschteich baden und fangen Kaulquappen. Die Erwachsenen nehmen die beiden Jungen mit auf die Jagd. Frédéric darf auf dem Jagdhorn das Halali blasen. Und es erfüllt ihn mit Stolz, daß er am Abend immerhin »einen großen Hasen und vier junge Rebhühner« als Jagdbeute heimbringt. Viele Ausflüge in die weitere und nähere Umgebung werden gemacht, so nach Danzig und Thorn, wo sie das Geburtshaus des berühmten Astronomen Kopernikus besuchen.

Alle Unternehmungen und Erlebnisse werden den Eltern regelmäßig nach Hause mitgeteilt, und zwar in einer handgeschriebenen Ein-Blatt-Zeitung, deren immer neue Nummern laufend mit der Postkutsche nach Warschau abgehen. Als Herausgeber des Blattes zeichnet ein gewisser Monsieur Pichon. Das hat Frédéric dem anderen großen Wunderkind und Spaßvogel, dem Wolfgang Amadeus Mozart, abgeschaut, der seine Briefe oft mit »Trazom« oder »Romaz« unterschrieb.

Natürlich gibt Frédéric auch Konzerte für die musikinteressierte Familie Dziewanowski. Und hin und wieder schreibt er musikalische Ideen nieder.

Frédéric fühlt sich in Szafarnia wohl. Er lebt unter gebildeten Menschen, lernt aber auch bei den zahlreichen Festen der Erntezeit die Dorfleute in ihrer natürlichen Lebensart kennen. Beim Erntedankfest zum Beispiel sind alle Dorfbewohner auf dem großen Gutshof versammelt. Da wird Wodka herumgereicht, brennen Lampions und Fackeln, und da spielen Dorfmusikanten Mazurken und Polonaisen. Chopin lauscht den alten Volksweisen. Überall wird gelacht und getanzt, und Frédéric tanzt den polnischen Kujawiak mit.

Dabei gefällt ihm ein Mädchen besonders, das auch für ihn Interesse zeigt.

Zum ersten Mal in seinem Leben ist Frédéric unter einfachen Menschen, hört ihre ursprüngliche Musik. Bei einem Spaziergang durch die Felder begegnet er einer am Wegrand sitzenden Bäuerin, die eine Mazurka singt. Er bietet ihr »drei Groschen, damit sie ihr Lied wiederholt«.

Diese musikalischen Erlebnisse prägen sich ihm so unauslöschlich ein, daß in seinen späteren Klavierwerken immer wieder volkstümliche Melodien auftauchen.

Nach den Ferien erhält Frédéric Orgel- und Kontrabaßunterricht. Bei Messen, die von den Schülern des Gymnasiums gesungen werden, spielt er jetzt regelmäßig die Orgel.

Im Mai 1825 weilt Zar Alexander I., der russische Kaiser und gleichzeitige polnische König, in Warschau. Die ganze Stadt ist mit Fähnchen geschmückt, und die Stadtväter planen Wohltätigkeitskonzerte zugunsten der Armen. Dabei soll ein neu erfundenes Instrument vorgeführt werden: das sogenannte »Aelomelodicon«, eine seltsame Mischung aus Harmonium und Klavier, das heute längst verschollen und nicht einmal mehr im Museum zu finden ist.

Wer ist besser geeignet, dieses neuartige Instrument dem musikinteressierten Hofstaat vorzuführen, als »der erste Pianist der Stadt«, Chopin, der inzwischen schon weit über Warschaus Grenzen hinaus als »Magier des Klaviers« berühmt ist? Vier starke Männer transportieren das Aelomelodicon in die protestantische Kirche, weil diese durch ihre Wölbung eine ausgezeichnete Akustik besitzt. Nachdem der Zar sich auf seinen thronartigen Stuhl niedergelassen hat, beginnt der Fünfzehnjährige auf dem neuen Instrument meisterhaft zu improvisieren. Der Zar ist vom Spiel des Jungen tief beeindruckt.

Er winkt Frédéric zu sich: »Als Dank und Anerkennung für dein vortreffliches Spiel«, sagt er, zieht seinen Diamantring vom Finger und reicht ihn dem jungen Pianisten.

Wenig später – am 20. Mai und am 10. Juni 1825 – tritt Frédéric noch zweimal öffentlich auf, wobei er dem Publikum das »Aelopantalon«, die weiterentwickelte Form des Aelomelodicons vorstellt.

Die Musikkritiker schrieben: »Unter den Händen des talentvollen jungen Chopin, der sich durch einen Reichtum musikalischer Ideen auszeichnet und ganz Herr dieses Instrumentes ist, machte es einen großen Eindruck.«

Im Winter 1825 fragte Louise ihren Bruder, während sie vierhändig spielten, ob er sie in den Weihnachtsferien nach Zelazowa-Wola begleiten wolle.

»Die Gräfin hat mich eingeladen«, sagte sie, »und ich darf dich mitbringen; du könntest doch an den langen Winterabenden für uns Klavier spielen.«

Frédéric nickte. Er tat ihr gern den Gefallen. Mit Louise verstand er sich besonders gut, denn sie hatte sich, als er noch klein war, am meisten um ihn gekümmert. Sie war klug, hatte Witz und fühlte sich wie Frédéric der eleganten französischen Lebensart verwandt.

Die Winterferien wurden für beide ein unvergeßliches Erlebnis. Wenn die Sonne schien, stiegen sie, in dicke Mäntel gehüllt, in den Pferdeschlitten, deckten sich mit

Wolfspelzen zu, und los ging's mit Schlittengeklingel in den Winterwald. Abends saß man um den Kamin, in dem das Holz knisterte und knackte. Die Kerzen des drei Meter hohen Christbaums wurden entzündet, und Frédéric setzte sich an den Flügel. Stundenlang improvisierte er und zauberte mit Tönen und Klängen.

Die Ferientage in Zelazowa-Wola hatten Frédéric gutgetan. Durch die hohen Anforderungen, die Musik und Schule gleichzeitig an ihn stellten, war nämlich seine Gesundheit sehr angegriffen. Der Fünfzehnjährige fühlte sich oft müde und schwach. Die ärztliche Kunst war damals noch nicht so weit wie heute, und so wurde Chopin zeit seines Lebens falsch behandelt. Seine schulischen Leistungen wurden immer schlechter, und die Eltern befürchteten, Frédéric würde das Abitur nicht schaffen.

Seinem Freund Bialoblocki vertraute der Junge sich an: »Ich habe kaum Zeit zum Schreiben, denn – du weißt es genau – ich bemühe mich, mein Diplom zu erringen, aber es scheint mir, die Wurst ist nichts für den Hund.«

Zum Sommer aber hat er es doch geschafft. Er wird stolzer Besitzer eines Reifezeugnisses, ein Ereignis, das natürlich groß gefeiert werden muß. Frédéric besucht mit seinem Freund Wilhelm von Kolberg die Rossini-Oper ›Die diebische Elster‹.

Zum Abschied und als Erinnerung komponiert er für seinen Freund, der jetzt von Warschau weggeht, die Polonaise in b-moll, von ihm überschrieben mit

›Au revoir‹

Dieses ›Auf Wiedersehn‹ ist gleichzeitig der Abschied von Chopins Kindheit.

Und was ist weiter aus Frédéric Chopin geworden?

In den folgenden drei Jahren von 1826–1829 studiert Frédéric an der Warschauer Musikhochschule und komponiert nebenher eine Reihe von Klavierstücken. Neunzehnjährig reist er mit drei Freunden nach Wien, um sein erstes Konzert im Ausland zu geben. Im gleichen Jahr verliebt er sich heimlich in die Musikstudentin Konstanze Gladkowska.

Nur seinem besten Freund Titus vertraut er sich an: »Seit sechs Monaten träume ich von ihr jede Nacht, und ich habe noch nie das Wort an sie gerichtet. An sie dachte ich, als ich das Adagio meines Klavierkonzertes komponierte.«

Dieses ›Konzert in f-moll‹ wird 1830 mit großem Erfolg in Warschau aufgeführt. Chopin wird dabei mit Lobeshymnen und einem Lorbeerkranz bedacht, aber ihm ist klar, daß eine wirklich große Pianistenlaufbahn nur in Paris beginnen kann. ›Sollte ich nicht lieber nach Paris gehen?‹ überlegt er sich immer wieder.

Diese Frage beantwortet sich wenig später von selbst. Auf einer Kunstreise nach Italien und Frankreich mit seinem Freund Titus erhält er in Wien die Nachricht vom Warschauer Aufstand. Ob Frédéric schon vor der Abreise ahnte, daß er seine Heimat nie wiedersehen würde? In einem kleinen Kästchen hatte er polnische Heimaterde auf die Reise mitgenommen. Titus fährt von Wien aus sofort nach Polen zurück, er will die Aufständischen unterstützen. Frédéric aber, dem sein Vater nahelegt, nicht heimzukehren, reist nach Paris.

Er ist von dieser Stadt begeistert, die für ihn »die Schönste aller Welten« ist. Er findet sofort Kontakt zu einer Reihe bedeutender Künstler. Die höchsten Gesellschaftskreise reißen sich um den eleganten und feinsinnigen Polen. Chopin wird der begehrte Liebling der Salons.

»Es ist soweit«, schreibt er, »ich gehöre nun zur höchsten Gesellschaft; mein Platz ist zwischen Botschaftern, Fürsten und Ministern.«

Chopin am Klavier, im Alter von 28 Jahren

Frédéric gibt zahlreiche Konzerte und erteilt dem Hochadel für viel Geld Klavierunterricht. Nun kann er sich eine Kutsche samt Kutscher und etliche Diener leisten. Er kleidet sich nach der neuesten Mode und wohnt in einem vornehmen Haus.

Bald aber stellen sich bei Chopin die ersten Anzeichen einer schweren, todbringenden Krankheit ein – der Tuberkulose. Schon als 25jähriger fühlt er sich häufig so schwach, daß er seine Pianistenlaufbahn beenden muß. Im gleichen Jahr reist er nach Karlsbad, um seine Eltern wiederzusehen.

»Die Freude ist unbeschreiblich.«

Auf der Rückreise trifft Chopin in Dresden eine ihm befreundete adlige Familie aus Warschau, die Wodzinskis. Er verliebt sich in die sechzehnjährige Tochter Marie. Im darauffolgenden Sommeraufenthalt in Marienbad verlobt er sich mit »Mademoiselle Marie«, die aber ein Jahr später das Verlöbnis auflöst und einen Grafen heiratet. Das trifft Chopin schwer. Er kränkelt immer mehr. In Paris lernt der 26jährige im Herbst 1836 die Schriftstellerin George Sand kennen.

Ihr erstes Zusammentreffen veranlaßt Chopin zu der boshaften Bemerkung: »Ist sie überhaupt noch eine Frau?«

Er ist schockiert von dem emanzipierten Verhalten dieser nicht gerade hübschen Französin, die mit Romanschreiben ihren Lebensunterhalt verdient, männliche Kleidung trägt und dicke Zigarren raucht. Nach und nach aber erliegt auch Chopin, wie viele Künstler vor ihm, der großen Ausstrahlung und dem Charme dieser geistvollen, leidenschaftlichen Frau.

Zwischen 1838 und 1839 verbringt Chopin mit ihr einige Monate in Mallorca. Aber auch dort bessert sich sein schlechter Gesundheitszustand nicht.

Weil George Sand meint, Frédéric sollte einige Sommer ausruhen und seine Gesundheit wieder herstellen, werden die folgenden Sommer auf Georges hübschem Landgut in Nohant verbracht. Hier fühlt sich Chopin ausgesprochen wohl. Er geht spazieren und komponiert: Polonaisen, Wal-

Karikatur der George Sand

zer, Mazurken, Nocturnes, Préludes, Scherzi und Balladen.

In all diesen Werken verbindet Chopin Grazie und Eleganz der französischen Musik mit dem feurigen Rhythmus, den farbigen Harmonien und den melancholischen Melodien der alten Volkstänze seiner polnischen Heimat. Chopins Werke werden zum Inbegriff der romantischen Musik.

Wie bitter für Frédéric, daß es 1847 nach unendlichen Verstimmungen zum Bruch mit George Sand kommt. Frédéric ist jetzt häufig schwermütig, und sein Gesundheitszustand wird immer kritischer.

Im Sommer 1848 hält sich Chopin in England und Schottland auf. Es wird seine letzte Reise, denn das feuchte Klima, die Anstrengung der langen Fahrt, und die zahlreichen Verpflichtungen verschlimmern seine Krankheit. Völlig erschöpft kehrt er im November aus England zurück.

Im Herbst des folgenden Jahres läßt Frédéric seine geliebte Schwester Louise nach Paris kommen, die nun bis zu seinem Tode bei ihm bleibt. Am 17. Oktober 1849 stirbt Chopin im Alter von 39 Jahren. In seinem Testament verfügt er, sein Herz solle in Polen bestattet werden. Denn wenn ihm auch Paris als Stadt lieb und wert geworden war, im Grunde seines Herzens hat Chopin zeit seines Lebens die Sehnsucht nach seiner polnischen Heimat mit sich herumgetragen. Als er zwanzigjährig aus Warschau wegging, hatte jemand in sein Album geschrieben:

»Die Fremden werden dich mit Ruhm bedecken,
doch werden sie dich nie so lieben können.«

Serjoscha aus Sontzowka

1936: Draußen war ein frühlingshafter Sonntagmorgen. Drinnen, auf der Bühne des großen Moskauer Konzertsaales, stand ein 45jähriger, freundlicher Mann mit hoher Stirn und Brille. Er hörte durch die geöffnete Tür das Lachen, Plaudern und Zwitschern Hunderter von Kindern, die den Konzertsaal verlassen hatten und sich nun in alle Himmelsrichtungen zerstreuten. Er freute sich, daß ihnen die Aufführung seiner neuesten Komposition ›Peter und der Wolf‹ so viel Spaß gemacht hatte.

Aber die Abenteuer des mutigen Peter, der mit Hilfe des kleinen Vogels den großen, grauen, gefräßigen Wolf fängt, mußten ja auch jedem Kind gefallen.

Die Geschichte war lustig, spannend und lehrreich zugleich. Doch er hatte das Gefühl, daß Mädchen und Buben nicht nur von seinem Text, sondern vor allem auch von der Musik, die er dazu gemacht hatte, sehr angetan waren.

Mit diesem musikalischen Märchen wollte der Komponist den Kindern »eine anschauliche Lektion in Instrumentenkunde« geben und sie mit den »Klangfarben der gebräuchlichsten Orchesterinstrumente« bekanntmachen.

Jede der mitspielenden Personen hatte er durch ein passendes Instrument des Orchesters charakterisiert: »Den Vogel durch die Flöte, die Ente durch die Oboe, die Katze durch das Staccato im tiefen Register der Klarinette, den Großvater durch das Fagott, den Wolf durch die Hörner, Peter durch das Streichquartett, die Gewehrschüsse durch Pauken und große Trommel.«

Die Instrumente sollten den Märchentext, der von einem Erzähler vorgetragen wurde, musikalisch untermalen und darstellen.

Die Kinder hatten mucksmäuschenstill dagesessen und gebannt zugehört. Am Schluß klatschten sie voller Begeisterung. Und wenn er bisher nur den Erwachsenen als Komponist bekannt gewesen war, so wußten nun auch die Kinder seinen Namen:

SERGEI PROKOFJEW.

›Schade, daß Mutter gerade diese Uraufführung nicht miterleben konnte‹, dachte er. Wie oft hatte sie ihm doch diese Geschichte erzählt, wenn er als kleiner Junge abends nicht schlafen wollte.

»Erzähl mir die Geschichte von Peter und dem Wolf«, hatte er gebettelt.

Und seine Mutter hatte sich an sein Bett gesetzt und ihm vom alten Großvater erzählt, der den kleinen Peter vor dem großen grauen Wolf im Wald warnt, und vom mutigen Peter, der die Warnungen des Großvaters in den Wind schlägt, weil doch, wie er meint, richtige Buben keine Angst vor Wölfen hätten.

»Eines Tages«, erzählte die Mutter, »war der große graue Wolf aus dem finsteren Wald gekommen. Vogel und Katze waren schwuppdiwupp im Wipfel des Baumes und beobachteten von dort oben, wie der graue Vielfraß die arme Ente jagte und dann – rapps – auf einmal verschlang. Peter konnte alles, was da passierte, vom Garten aus sehen, und er beschloß, den Wolf zu fangen. Er hatte auch schon eine gute Idee. Er holte sich ein dickes Seil aus dem Haus und kletterte behend auf den großen Nußbaum. Das ging ruck-zuck, denn klettern konnte der Peter!

Der kleine Vogel saß oben auf dem Zweig und schimpfte wie ein Rohrspatz auf den bösen Wolf.

›Komm‹, flüsterte Peter dem Vogel zu, ›wir wollen den Burschen fangen. Du mußt mir aber dabei helfen. Flieg dem Wolf immer um den Kopf herum, damit er abgelenkt wird.‹

Während unten der gierige Wolf nach dem Vogel schnappte, ließ Peter ganz langsam und vorsichtig das Seil den Baum hinab. Der Wolf bemerkte davon nichts, weil er ja mit dem Vogel beschäftigt war. Jetzt ließ Peter die

Schlinge am Seilende über den Schwanz des Wolfes gleiten und zog mit aller Kraft daran.

›Donner und Doria‹, brüllte der Wolf, ›ich bin gefangen.‹ Er tobte und sprang wild herum. Aber es half alles nichts. Da kamen die Jäger aus dem Wald nach Hause. Sie wollten den Wolf gleich totschießen, aber Peter läßt das natürlich nicht zu. Er will ihn lieber in den Zoo bringen. – Ja, so war das mit dem Peter. – Zum Schluß gibt es einen großen Triumphzug zum Zoo. Der Großvater ist auch dabei, und er schüttelt immer den Kopf, weil der Peter so leichtsinnig gewesen ist.«

»Mir tut nur die arme Ente so leid, Mutter«, sagte Sergei.

»Weißt du, Serjoscha, die hat der Wolf, weil er so gierig war, mit Haut und Haaren verschluckt. Und wenn du genau hinhörst, kannst du sie noch im Bauch des Vielfraßes quaken hören. So, jetzt ist aber Schluß, Serjoscha. Nun wird geschlafen. Gute Nacht.«

Und die Mutter gab dem Knirps einen Kuß auf die Nasenspitze.

»Spielst du für mich noch etwas auf dem Klavier, Mutter?« fragte Sergei.

»Du mußt aber die Augen zumachen und schlafen.«

Die Mutter löschte das Licht, ging ins Nebenzimmer, setzte sich an den großen Flügel und spielte eine Sonate von Beethoven oder eine Mazurka von Chopin. Diese beiden Komponisten mochte sie am liebsten. Und Sergei drüben in seinem Bettchen schlief über der Musik ein.

Schon der Dreijährige wollte zum Einschlafen von der Mutter vorgespielt bekommen.

Eines Nachts wachte Serjoscha auf. Ringsum war es stockdunkel, und er hörte nicht mehr das Klavierspiel seiner Mutter. Da bekam er Angst. Er stieg aus dem Bett, um die Mutter zu suchen. Blindlings tappte der Dreikäsehoch im Dunkeln umher. Da passierte es! Er stolperte über die Türschwelle und spürte plötzlich einen stechenden Schmerz im Kopf. Ein ohrenbetäubender Schrei riß Vater und Mutter aus dem Schlaf. Sie fanden Serjoscha am Boden liegen.

Das Blut lief ihm in Strömen übers Gesicht. Der arme Kerl hatte sich beim Fallen die Stirn an der Ecke einer eisernen Truhe aufgeschlagen. Die Mutter machte sofort kalte Umschläge, aber das half wenig. Sergei bekam eine riesige Beule am Kopf, die über 25 Jahre lang zu sehen war. Und wer den Schaden hat, braucht für den Spott nicht zu sorgen. Immer wieder mußte er hören: »In dieser Beule sitzt sicher Sergeis Musikalität.«

Die Prokofjews wohnten weit draußen auf dem Land, wo sich Fuchs und Hase gute Nacht sagen. Vater Alexewitsch verwaltete dort ein riesengroßes Gut. Er war ein kluger, weitsichtig und sozial denkender Mann, der sich sehr um das Wohlergehen der Bauern kümmerte. Er setzte sich dafür ein, daß die Bauernkinder in die Schule gehen und etwas lernen konnten; er kaufte Landmaschinen, um das Pflügen, Säen und Ernten zu erleichtern und zu beschleunigen.

Das Gut war im Besitz der reichen russischen Familie Sontzow. Nach ihnen war auch der Ort benannt, wo die Prokofjews wohnten: Sontzowka. Am 13. April 1891 wurde hier Sergei geboren. Wie oft setzte der Vater den kleinen Serjoscha vor sich aufs Pferd, wenn er über Wiesen und Felder ritt, um als Verwalter dieses riesigen Besitztums nach dem Rechten zu sehen.

Am liebsten aber hörte Serjoscha dem Klavierspiel der Mutter zu. Manchmal klatschte er dabei in die Hände und rief: »Oh, das gefällt mir. Spiel es doch bitte noch mal.«

Und dann lachte die Mutter, spielte, und Serjoscha summte leise mit.

›Sie kann wunderbar spielen‹, dachte Sergei.

Kein Wunder, sie war in Petersburg zur Pianistin ausgebildet worden. Oft hatte die schöne Frau große Sehnsucht nach dieser prächtigen Stadt, die damals die Hauptstadt Rußlands war. Gesellschaften und Bälle, Konzerte und Theateraufführungen, die sie dort erlebt hatte, fehlten ihr sehr in Sontzowka.

Statt in prunkvollen Sälen Konzerte zu geben, saß sie nun hier, weitab von Petersburg und gab den kleinen Bauernkindern Musikunterricht. Die Mutter war bei Buben und Mädchen sehr beliebt, denn sie verstand es, ihnen das Lernen schmackhaft zu machen. Was für ein Glück für Serjoscha, daß er in seiner Mutter jemanden hatte, der ihn behutsam an die Musik heranführte. Wenn sie Fingerübungen machte, durfte Sergei sie manchmal in den beiden höchsten Oktaven begleiten. Das klang zwar entsetzlich, aber es machte Serjoscha riesigen Spaß.

Oftmals, wenn die Mutter nicht im Zimmer war, kletterte der vierjährige Bub behende auf den Klavierstuhl und fügte mit seinem winzigen Zeigefinger Töne zu kleinen Melodien zusammen.

Als Sergei fünf Jahre alt war, erfand er eine hübsche Melodie, die ihm besonders gut gefiel. Er spielte sie wieder und wieder. So hörte es auch die Mutter, die gerade in die Tür getreten war. Ihr Serjoscha hatte sich da ja ein richtiges kleines Lied ausgedacht.

»Dein Lied gefällt mir gut, Sergei. Wir sollten es aufschreiben, damit du es nicht wieder vergißt.«

Das Notieren der Melodie aber machte der Mutter viele Schwierigkeiten, denn sie konnte zwar Noten lesen, hatte aber noch nie in ihrem Leben welche aufgeschrieben. Sergeis kleines Stück stand in F-dur, der Tonart mit einem b. Eine Stelle klang merkwürdig, weil Sergei das notwendige b nicht spielte.

»Meinst du nicht«, fragte die Mutter, als sie die Melodie nochmals auf dem Klavier antippte, »daß das Lied mit der schwarzen b-Taste viel besser klingen würde?«

»Nein, nein, nein«, antwortete Sergei ärgerlich, »ich mag keine schwarzen Tasten.«

Aber dann ließ er sich doch überreden, weil sich die Melodie mit der b-Note wirklich viel schöner anhörte.

»Wie sollen wir denn nun dein Liedchen nennen, Serjoscha?« fragte die Mutter, als sie fertig war.

»Vielleicht ›Indischer Marsch‹, oder – weil es so schnell ist – ›Indischer Galopp‹?«

Natürlich hatte Sergei noch nichts von indischer Musik gehört, aber er liebte indische Märchen, ihre fremdartige Zauberwelt mit den reichen Maharadschas. Die Mutter mußte ihm nun seine Melodie dreimal vorspielen, und Sergei klatschte den Takt dazu in die Hände. Der mächtige Maharadscha galoppierte auf einem pechschwarzen Hengst durch sein großes Reich.

Nun beschließen die Eltern, daß Sergei bei der Mutter mit dem Klavierunterricht beginnen soll. Schnell lernt er Noten lesen. Es fasziniert das Kind, wie die vielen schwarzen Notenköpfe, die auf dem Papier stehen, auf dem Klavier zu Musik werden. Und Sergei lernt mit solchem Feuereifer, daß er schon bald ganz hübsch Klavier spielen kann. Das Aufregendste für ihn aber ist, daß er seine erfundenen Melodien jetzt selbst aufschreiben kann. Mit sechs Jahren notiert er drei kleine Stücke: einen Walzer, einen Marsch und ein Rondo.

Inzwischen ist Sergei sieben Jahre alt, und Mutters Geburtstag naht! Für diesen Tag hat er sich etwas Besonderes ausgedacht: nämlich einen Geburtstagsmarsch für vier Hände, den er mit der Mutter gemeinsam spielen will. Sergei kann es bis zur Bescherung kaum mehr abwarten. Endlich war es soweit. »Für dich zum Geburtstag«, sagte er und streckte der Mutter eine Papierrolle entgegen.

Erwartungsvoll schaute er, wie sie die Mutter entrollt.

»Geburtstagsmarsch von Deinem Serjoscha«, las sie laut. »Eine Komposition! So etwas Schönes habe ich noch nie geschenkt bekommen, Serjoscha. Das müssen wir sofort ausprobieren.«

Sergei hatte den Flügel schon geöffnet. Sie setzten sich gemeinsam an das Instrument und begannen zu spielen. Sergei war begeistert. Das hörte sich ja wie ein richtiges kleines Orchester an!

Die Mutter merkte, daß das Vierhändigspielen ihrem

Jungen riesigen Spaß machte und schleppte gleich einen ganzen Stoß Noten für vier Hände herbei.

»Komm, Serjoscha«, sagte sie, als Sergei nun doch etwas ängstlich dreinschaute, »jetzt machen wir ein Geburtstagskonzert. Du wirst sehen, es geht besser als du denkst.

Die Mutter gab sich mit der musikalischen Erziehung ihres Sohnes große Mühe. Das Wichtigste für sie war, Sergeis Interesse an der Musik wachzuhalten. Deshalb vermied sie ermüdende Fingerübungen. Viel lieber sprach sie mit ihrem Sohn über die Musikstücke, die er gerade spielte. Sie fragte ihn, warum er diese Komposition liebe und jene nicht. Und so lernte Sergei schon früh, sich ein eigenes Urteil zu bilden.

Wenn er spielte, mochte ihn die Mutter nicht unterbrechen oder korrigieren, aus Angst ihm die Freude an den Kompositionen zu verderben. So lernte Sergei nie richtig zu üben und sich einen guten Vortrag zu erarbeiten. Sein Spiel klang fast ein wenig oberflächlich. Auch dem Anschlag und der Handhaltung des Jungen schenkte die Mutter wenig Beachtung.

Länger als zwanzig Minuten täglich wurde nicht geübt. Dann durfte Sergei hinaus zu den anderen Kindern. Die saßen dann oft um Serjoscha herum und hörten ihm zu, wenn er ein selbsterdachtes Märchen erzählte. Und dann mußte die Geschichte natürlich gespielt werden! Die Kinder verkleideten sich, und Sergei setzte sich ans Klavier und versuchte, das, was sich da abspielte, mit Musik zu untermalen: da grollte der Donner, da zwitscherten Vögel, und da galoppierten wilde Pferde über die Steppe.

Zu Sergeis achtem Geburtstag hatten sich die Eltern ein besonderes Geschenk ausgedacht. Er durfte mit ihnen nach Moskau in die Oper fahren. ›Faust‹ von Charles Gounod, dem französischen Komponisten, stand auf dem Programm. Sergei war wahnsinnig aufgeregt, er kannte die Geschichte von Faust, der seine Seele dem Teufel Mephistopheles verschreibt, schon ganz gut. Die Mutter hatte bereits etliche Stücke aus dieser Oper mit ihm vierhändig gespielt. So folgte Sergei dem Geschehen auf der Bühne mit glänzenden Augen. Besonders Mephistopheles hatte es ihm angetan.

»Ein prima Teufel ist das«, flüsterte er der Mutter zu.

Auf der langen Heimfahrt in der Kutsche saß Sergei ganz in das Erlebte versunken.

»Mutter«, rief er plötzlich, »ich werde auch eine Oper schreiben, ich hab sogar schon eine Geschichte dafür.«

»Na, dann erzähl mal«, sagte die Mutter.

»Weißt du«, fing Sergei an, »es ist eine Geschichte von einem Riesen, meinem Freund Stenya und mir. Zum Schluß gibt es eine tüchtige Rauferei ...«

Gleich am nächsten Morgen setzt sich Sergei ans Klavier und beginnt, seine Geschichte in Musik zu setzen. Stundenlang probiert er Klänge aus und schreibt Noten.

Eines Tages hört die Mutter, wie Sergei wütend auf dem Klavier herumtrommelt.

»Das strengt dich viel zu sehr an«, sagte sie, »du bist noch zu klein, um eine Oper schreiben zu können. Hör auf damit.«

»Nein, nein, nein«, entgegnete Sergei trotzig, »es ist nur so schwer, die vielen Töne, die ich im Kopf habe, richtig in die einzelnen Takte zu bringen.«

Sergei als Zehnjähriger, aufgenommen in St. Petersburg. Der Titel auf dem Notenständer des Klaviers, »Der Riese«, war handgeschrieben.

»Ja, Sergei«, antwortete die Mutter, indem sie sich ein wenig lustig über ihn machte, »ein großes Werk braucht eben viel Fleiß und viel Geduld.«

Und da der ›Riese‹ ein großes Werk werden sollte, dauerte es über ein Jahr, bis die kleine Oper endlich fertig war.

›DER RIESE‹ schrieb Sergei mit großen Buchstaben auf das Umschlagblatt. Der junge Komponist war mächtig stolz auf sein erstes Werk.

Als Sergei zehn Jahre alt war, durfte er die Mutter im Sommer auf das Landgut von Onkel Boris begleiten. Onkel Boris war Sergeis Lieblingsonkel. Dort gab es aber auch noch den Vetter Andrei, der verteufelt gut Klavier spielen konnte und seine Base Shura, die eine hübsche Singstimme hatte. Die drei Kinder wurden unzertrennlich. Sie tobten im Obstgarten herum und galoppierten mit den Pferden über Wiesen und Felder. Am liebsten aber machten die drei Musik.

Eines Tages schlich Tante Irina auf Zehenspitzen zur Tür herein. Sie tat sehr geheimnisvoll und flüsterte: »Ihr wißt doch, daß Onkel Boris morgen Geburtstag hat. Die größte Freude für ihn wäre, wenn ihr ihm gemeinsam etwas vorspielen könntet.«

»Oh ja, das machen wir!«

»Das ist eine gute Idee!«

»Das soll eine tolle Geburtstagsüberraschung werden!« riefen die Kinder. »Aber was spielen wir?« fragten sie sich.

»Ich denke«, fuhr Tante Irina fort und strich Serjoscha über den Kopf, »ihr nehmt etwas von unserem kleinen Komponisten hier. Onkel Boris ist doch so stolz auf seinen talentierten Neffen.«

»Wie wär's denn mit dem ›Riesen‹?« fragte Andrei.

»Oh ja, wir führen den ›Riesen‹ auf!« rief Shura. »Ich singe den Stenya.«

Sergeis Augen leuchteten. »Du mußt aber auch mitspielen, Tante Irina«, rief er, »du mußt der Riese sein. Wer sonst könnte den Riesen spielen?«

»Einverstanden«, erklärte Tante Irina. »Da müssen wir aber gleich mit den Proben anfangen, damit wir bis morgen auch fertig werden.«

Ab zehn Uhr hing ein Schild an der Musikzimmertür: »Bitte nicht stören«. Und von drinnen hörte man Singen, Spielen und aufgeregtes Reden. Andrei saß am Klavier und spielte den Orchesterpart, Shura sang und spielte also den Stenya, und Sergei selbst hatte die Hauptrolle übernommen.

Die Mitwirkenden waren so emsig bei der Arbeit, daß sie kaum Zeit zum Mittagessen fanden. Als abends gegen acht Uhr Sergeis Mutter zur Tür hereinschaute, sah sie ihren Serjoscha aufgeregt auf und ab laufen, Spielanweisungen geben und Melodien vorsingen. Er war hochrot im Gesicht und ganz toll vor Eifer und Ungeduld.

»Wie weit seid ihr denn, ihr Künstler?« fragte sie.

»Ach«, seufzte Sergei und raufte sich die Haare, »wir werden nicht fertig. Wir haben erst den ersten Akt. Wir werden niemals mehr fertig damit!«

»Wißt ihr was«, sagte die Mutter, »ihr macht jetzt Schluß und spielt morgen nur das, was ihr bisher einstudiert habt, sonst wird mir Serjoscha noch krank vor Aufregung.«

Das war eine erlösende Idee!

Und dann kam schon der große Tag! Das Publikum hatte in der Halle Platz genommen. Onkel Boris als Jubilar thronte in seinem Sessel in der Mitte. Hinter dem Vorhang hörte man ein Flüstern und Wispern. Die Schauspieler zogen ihre Kostüme an. Die hatten sich die Kinder noch am Abend vorher auf dem Dachboden zusammengesucht. Tante Irina sah mit ihren hohen Röhrenstiefeln wirklich wie der leibhaftige Riese aus. Nun öffnete sich der große blaue Brokatvorhang. Es war mucksmäuschenstill. Andrei spielte auf dem Klavier das Eingangsstück, die Ouvertüre. Und dann kam Sergei auf die Bühne. Obwohl er das Stück geschrieben, obwohl er die Proben geleitet hatte und jede Note kannte, war er so aufgeregt, daß er aus Versehen

Shuras Rolle sang. Die Cousine wurde blaß hinter dem Vorhang. Aber sie fing sich schnell und flüsterte Sergei zu: »He, du singst ja meine Rolle!«

Sergei blieb vor Schreck der Ton im Halse stecken. Aber Shura behielt klaren Kopf, nahm geschickt die Melodie auf, so daß Onkel Boris von der Verwirrung gar nichts merkte. Er war restlos begeistert. Als der Vorhang fiel, klatschte er wie wild Beifall.

»Bravo«, rief er, »bravo!«

Er war aufgestanden, schüttelte Sergei die Hand und sagte: »Du wirst bestimmt mal ein ganz großer Komponist. Wenn deine Opern später bei Hofe aufgeführt werden, so erinnere dich daran, daß du deine erste Opernaufführung in meinem Hause hattest.«

Weil seine erste Oper so erfolgreich aufgenommen worden war, wollte Sergei gleich eine zweite Oper komponieren.

»Diesmal möchte ich eine ganz schauerliche, spannende Geschichte vertonen«, sagte er. »Ich weiß schon, wovon meine Geschichte handeln wird. Ich sehe alles genau vor mir. Der Vorhang geht auf. Da schippert ein stattliches Segelschiff übers weite Meer. Plötzlich kommt ein fürchterlicher Orkan auf. Das Meer ist wildbewegt. Das Schiff wird wie eine Nußschale hin- und hergeworfen. Die Schiffsbesatzung ist verzweifelt. Der Sturm wütet und zerbricht die Masten wie Streichhölzer. Das Schiff ist nicht mehr zu retten. Langsam sinkt es. Kapitän und Schiffsleute gehen über Bord. Sie klammern sich verzweifelt an die herumschwimmenden Schiffsplanken, werden aber alle glücklich an Land gespült – auf eine einsame Insel.«

Ja, das war eine Geschichte nach seinem Geschmack. In dieser Oper sollte es so richtig toben und krachen! Aber bald merkte Sergei, daß es gar nicht so einfach ist, das Wüten der Elemente musikalisch darzustellen.

Immer wieder studierte er Chopins Etüde Nr. 12, die sogenannte ›Revolutionsetüde‹, und Beethovens Sinfonien, um sich Anregungen für seine Sturmmusik zu holen.

Dissonanzen sollten schauerliche Wirkungen hervorbringen, häufige Tonwiederholungen stellten sanfte Regenschauer dar. Dazwischen streute er aufs Geratewohl Vorzeichen, also b-Noten und Kreuze ein, weil die ihm so imponieren.

Eineinhalb Jahre sitzt Sergei über dieser zweiten Oper, der er den Namen ›Die einsame Insel‹ gibt.

Fertig wurde aber nur das Einleitungsstück, die Ouvertüre. Aber dieser Teil ist viel, viel länger als die ganze Oper ›Der Riese‹ zusammen.

Schuld daran, daß er nicht weiter komponierte, war eine zweite Reise nach Moskau, die der Elfjährige mit der Mutter unternahm. Vater Alexejewitsch, der in Moskau geboren war, hatte dort noch viele Verwandte und Freunde, die besucht werden sollten.

»Wenn ihr in Moskau seid«, hatte er noch zu den Abreisenden gesagt, »schaut doch mal bei meinem alten Freund Pomarentzew vorbei, vielleicht kann der etwas für Sergei tun.«

Die Mutter hatte auch schon an diesen tüchtigen Musiker gedacht. Er könnte bestimmt beurteilen, ob Sergei wirklich begabt war.

In Moskau begann nun ein reges gesellschaftliches Leben, und die Prokofjews wurden täglich von Bekannten und Freunden eingeladen. Zu dem Besuch bei Pomarentzew blieb zunächst keine Zeit. Eines Tages lernte Sergei einen netten jungen Musikstudenten namens Juri kennen. Natürlich kamen sie gleich auf Musik zu sprechen. Juri war erstaunt über die umfangreichen Kenntnisse des wißbegierigen Jungen. Sergei faßte Vertrauen zu Juri, und zeigte ihm seine beiden Opernkompositionen.

»Das ist ja großartig, Sergei. Einfach unglaublich, daß ein Elfjähriger so etwas schreiben kann«, rief Juri beim Lesen aus, »das muß ich sofort meinem Kompositionslehrer Tanejew zeigen.«

Und er klemmte sich die beiden Opern unter den Arm und rannte schnurstracks zu seinem Lehrer, Sergei Iwanowitsch Tanejew. Der war gar nicht erfreut, in der Teestunde

Sergei Tanejew und Juri Pomarentzew im Park.

von seinem Schüler gestört zu werden. Als ihm aber Juri die beiden Opern auf den Tisch legte und von einem elfjährigen Genie erzählte, blätterte der Meister doch in den beiden Kompositionen und versprach, Sergei am nächsten Tag zu empfangen.

Sergei war wahnsinnig aufgeregt, er sollte dem großen Komponisten Tanejew vorgestellt werden! Doch Tanejew machte es dem jungen Sergei leicht, er streckte ihm die Hand entgegen, begrüßte ihn und nahm eine Tafel Schokolade aus der Jackentasche, reichte sie Sergei und sagte: »Komm, iß erst mal, und wenn du dich gestärkt hast, setzt du dich ans Klavier und spielst, einverstanden?«

Sergei spielte die Ouvertüre zu den ›Einsamen Inseln‹ vor. Tanejew hörte zu. Zum Schluß klopfte er dem Elfjährigen väterlich auf die Schulter und sagte zur Mutter, die natürlich dabei war: »Ich habe hier in Moskau einen guten Freund, der Kompositionslehre erteilt. Es gibt keinen besseren. Er heißt Pomarentzew. Gehen Sie doch mal mit Sergei zu ihm.«

»Pomarentzew ist ein guter alter Freund meines Mannes«, unterbrach ihn die Mutter erfreut.

»Ausgezeichnet. Pomarentzew kann unserem kleinen Komponisten noch einiges beibringen«, meinte Tanejew. »Aber achten Sie darauf, daß der Junge sich nicht überarbeitet.«

Pomarentzew fand an Sergei Interesse und war bereit, ihm Unterricht zu geben. Jetzt hatte Sergei endlich einen richtigen Kompositionslehrer! Er war begeistert bei der Sache und arbeitete wie besessen.

Aber nach kurzer Zeit flaute Sergeis Begeisterung ab. Der Kompositionsunterricht bestand nur aus Regeln lernen, Gesetze beachten und Üben. Das war Sergei überhaupt nicht gewohnt.

»Ich will Opern komponieren«, rief er eines Tages der Mutter entgegen, »mit Stürmen und Schlachten und nicht immer nur Dreiklänge und Akkorde schreiben. Ich habe keine Lust, länger hier zu bleiben.«

»Das gehört nun einmal dazu, lieber Sergei«, beschwichtigte ihn die Mutter. »Ein Schreiner kann auch nicht sofort einen Schrank bauen. Zuerst muß er hobeln lernen.«

»Aber das ist so furchtbar langweilig, Mutter, das Ganze macht mir überhaupt keinen Spaß«, rief Sergei verzweifelt.

Da mußte eine andere Lösung gefunden werden. Und sie fand sich.

Tanejew machte Mutter und Sohn mit seinem Schüler, Reinhold Glière, bekannt, einem sehr begabten Musiker und prima Menschen. Die Mutter fragte ihn, ob er mit ihrem Sohn nach Sontzowka kommen wolle, als Hauslehrer sozusagen. Da wäre Serjoscha daheim und könne trotzdem komponieren lernen. Und bei ihm würde das Arbeiten sicher Spaß machen. Reinhold Glière willigte ein.

Nach Hause zurückgekehrt, wurde Sergeis Tagesablauf genau festgelegt. Jeden Morgen arbeiteten Lehrer und Schüler eine bestimmte Zeit miteinander.

Dann aber sagte Glière: »Sergei, jetzt spielen wir eine Partie Schach«, oder »jetzt spielen wir eine Partie Krocket.«

Und wenn er besonders guter Laune war, nahm er auch Sergeis Herausforderung zu einem Duell mit Kinderpistolen an. Auf diese Weise gewann der junge Lehrer schnell Serjoschas Herz. Nie zuvor hatte Sergei so tüchtig komponiert und Klavier geübt.

Reinhold verstand es, bei seinem Schüler auch das Verständnis für Orchesterinstrumente zu wecken. Entdeckte er in einem Klavierstück eine Stelle, die für ein bestimmtes Instrument charakteristisch war, unterbrach er und wies darauf hin, daß man beispielsweise »diesen Akkord den Posaunen, diese Hirtenmelodie der Oboe und jene kantilenenhafte Mittelstimme dem Violoncello anvertrauen könne«. Solche Hinweise waren ungemein wichtig für einen angehenden Komponisten, denn die Instrumentierung, das heißt die Verteilung der Stimmen auf die einzelnen Orchesterinstrumente, war ja ein wesentlicher Teil des Komponierens. Auf diese Weise lernte Serjoscha die verschiedenen Instrumente aus der Klaviermusik herauszuhören und konnte das Gelernte schon bald bei seinen Konzertbesuchen in Moskau anwenden. Es gelang ihm, die einzelnen Instrumente des Orchesters voneinander zu unterscheiden.

So war es nicht verwunderlich, daß Sergei jetzt auch eine Sinfonie schreiben wollte. Seine beiden Opernstücke hatte er ja nur für Klavier gesetzt. Nun wollte er ein Orchesterwerk komponieren mit Posaunen und Klarinetten, Kontrabässen und Pauken.

Eines Tages, bei einem Spaziergang durch den Garten, eröffnete Sergei seinem Lehrer das Vorhaben: »Reinhold, ich möchte eine Sinfonie schreiben.«

Glière war zunächst einmal dagegen, aber zuletzt stimmte er doch zu. ›Vielleicht kann ich dem Jungen daran eine ganze Menge zeigen‹, dachte er.

Und so machte Sergei sich ans Werk. Trotz großer Mühe und Anstrengung hielt er durch und komponierte seine erste Sinfonie tatsächlich bis zu Ende.

Ende Juli mußte Glière leider wieder zurück nach Moskau. Ohne ihn würde Sergei das Komponieren keinen Spaß mehr machen!

»Aber Sergei«, tröstete ihn Glière, »ich verspreche dir, im nächsten Sommer wieder nach Sontzowka zu kommen. Wir werden Schach und Krokett spielen, und wir werden zusammen komponieren.«

Reinhold Glière hielt sein Versprechen.

An einem warmen Maiabend des nächsten Jahres lief Serjoscha tausendmal ans Fenster und schaute hinaus, die Straße hinunter.

»Lauf doch Glière entgegen, wenn du's nicht erwarten kannst«, sagte die Mutter.

Und Sergei rannte die Allee hinunter, auf der die Kutsche aus Moskau kommen mußte. Er blieb stehen und schaute angestrengt den Horizont entlang.

»Das muß er sein«, schrie er plötzlich, »da kommt er, da kommt er!«

In der Ferne sah man ein Gefährt auftauchen. Endlich

war der so lang erwartete Augenblick gekommen! Glière lehnte sich zum Kutschenfenster heraus und lachte: »Sergei, ich freu mich, dich zu sehen. Komm, steig ein.«

Sergei kletterte in die Kutsche.

»Gut, daß du endlich da bist, Reinhold. Ich habe große Pläne. Du mußt mir dabei helfen.«

Reinhold Glière lachte.

»Du erinnerst dich noch«, fuhr Sergei fort, »daß ich, als wir im November in Moskau waren, deinem Lehrer Tanejew meine erste Sinfonie vorgespielt habe.«

»Ja«, fiel ihm Reinhold ins Wort, »er war nicht begeistert, er fand die Baßakkorde in der Begleitung allzu primitiv. Du hast dich grün und blau über ihn geärgert.«

»Und deshalb werde ich's jetzt Tanejew zeigen«, erklärte Sergei. »Ich werde eine Oper schreiben, mit Baßakkorden, wie er sie noch nie gehört hat. Der wird staunen.«

»Eine Oper, Sergei? Du willst hoch hinaus, Junge«, sagte Reinhold nachdenklich.

Aber schon kurze Zeit später liefen beide über die Wiese hinterm Haus und sprachen über das Textbuch. Serjoscha wollte ›Das Fest während der Pest‹ von dem berühmten russischen Dichter Puschkin vertonen. Dieses Gedicht hatte Sergei sehr beeindruckt. Einen ganzen Sommer lang arbeiteten nun die beiden an Sergeis drittem Opernversuch.

Als Glière im Herbst nach Moskau zurückgekehrt war, kam ihm ein Klavierauszug zu einer Oper über den gleichen Stoff in die Hand, geschrieben von einem bekannten russischen Komponisten mit Namen César Cui. Er schickte die Noten sofort seinem jungen Schüler nach Sontzowka.

Sergei verschlang diesen Klavierauszug wie einen Krimi. Er studierte jede Note ganz genau und verglich sie mit seiner eigenen Komposition. Cuis Werk war vom technischen Können her dem Sergeis natürlich überlegen. Er hatte ja viel mehr Erfahrung. Aber das wollte Sergei nicht zugeben.

»Mir gefällt das nicht«, sagte Sergei zur Mutter und

donnerte die Oper Cuis nur so auf dem Klavier herunter. Aber gelernt hatte er schließlich doch eine Menge aus dem Werk des »Rivalen«.

An einem Spätwinterabend im Jahre 1904 saß Sergei wie gewöhnlich am Klavier und komponierte. Die Mutter strickte am Kachelofen, und Vater schaukelte im Lehnstuhl, hatte seine Pfeife angesteckt und dachte angestrengt nach. Er machte sich Gedanken über die Zukunft seines Sohnes. Sergei war jetzt dreizehn Jahre alt. Er war bisher in den wichtigsten Fächern von den Eltern unterrichtet worden. Jetzt war es an der Zeit, ihn auf ein gutes Gymnasium zu schicken, damit etwas Tüchtiges aus ihm würde.

Laut sagte er nun: »Die Zukunft des Jungen macht mir Kopfzerbrechen. Sergei sollte ein gutes Gymnasium in Moskau besuchen. Ihr könntet dort bei Freunden oder Verwandten wohnen. Ich werde euch zwei- oder dreimal im Jahr besuchen, und ihr verbringt Weihnachten und die Sommerferien hier in Sontzowka.«

Sergei fuhr auf seinem Klavierhocker herum.

»Auf gar keinen Fall, Vater. Ich möchte Musik studieren. Hast du vergessen, daß der Direktor des Konservatoriums in Petersburg, Alexander Glasunow, zur Mutter gesagt hat, daß ich großes Talent habe und unbedingt Musik studieren müsse. Und Glasunow ist einer der berühmtesten Komponisten Rußlands!«

»Sergei«, sagte Alexejewitsch, »sei doch vernünftig. Du bist gut in Mathematik, du könntest Architekt werden oder Ingenieur. Das heißt doch nicht, daß du die Musik ganz aufgeben sollst. Du wirst in Moskau wohnen, du kannst in Konzerte gehen, mit Musikern verkehren und zu deiner Freude musizieren und komponieren. Was ist, wenn du kein ganz großer Musiker wirst? Wie sieht dann deine Zukunft aus?«

»Aber Alexejewitsch«, unterbrach die Mutter, »Glasunow ist überzeugt von Sergeis großem Talent, und er hat sich in seinem Urteil noch nie geirrt. Nur wenn Sergei sofort in das Konservatorium eintritt, kann sein Talent voll entwickelt werden. Wenn er zwei Dinge gleichzeitig tun soll, wird er sich für keines von beiden richtig einsetzen. Außerdem werden auf dem Konservatorium neben der Musik auch allgemeine Fächer unterrichtet.«

Sergei sprang auf.

»Weißt du nicht mehr, Vater, was mir der große Glasunow geschenkt hat?« rief er und streckte Alexejewitsch ein Buch entgegen.

»Meinem lieben Kollegen Serjoscha Prokofjew von A. Glasunow«, las der Vater auf der Innenseite.

»Der Konservatoriumsdirektor scheint etwas auf dich zu halten, mein Junge«, sagte Alexejewitsch nachdenklich. »Versuchen wir es also, wenn du eine wirklich gute Aufnahmeprüfung am Konservatorium in Petersburg machst, sollst du meinetwegen Musik studieren.«

Kurz nach Sergeis dreizehntem Geburtstag fuhr die Mutter mit dem Jungen nach Petersburg zur Aufnahmeprüfung. Es war die erste Prüfung, die Serjoscha ablegen sollte, und er war natürlich sehr aufgeregt. Würde er zum Studium zugelassen werden? Hatte er auch wirklich schon genügend komponiert?

Diese zweite Frage war schnell beantwortet. Der Prüfling vor ihm, ein bärtiger junger Mann, hatte nur ein einziges Stück für Solostimme ohne Begleitung unter dem Arm. Sergei dagegen betrat den Prüfungssaal mit zwei schweren Schultaschen, die mit vier eigenen Opern, zwei Sonaten, einer Sinfonie und einer Menge Klavierstücke gefüllt waren.

Glasunow begrüßte den Jungen herzlich. Aber hinter Glasunow stand noch ein anderer, ein strenger Herr mit Vollbart und Nickelbrille. Sergei hatte ihn schon einmal gesehen. Ihm fiel vor Schreck das Herz in die Hosen. Es war der berühmte Komponist Nikolai Rimski-Korssakow. Wie oft hatte er dessen lustiges Stück ›Der Hummelflug‹ gemeinsam mit der Mutter gespielt.

Während Sergei auf Herz und Nieren geprüft wurde, wartete die Mutter draußen im Vorraum. Der Uhrzeiger wollte gar nicht weitergehen!

›Jetzt warte ich schon über eine Stunde. Das wird doch hoffentlich nichts Schlimmes zu bedeuten haben‹, dachte sie besorgt.

Doch da öffnete sich die Tür und Glasunow und Rimski-Korssakow stürzten aus dem Prüfungszimmer auf die Mutter zu und schüttelten ihr die Hände.

»Ich gratuliere Ihnen zu Ihrem Jungen«, sagte Glasunow freudig erregt.

»Ich bin begeistert«, fügte auch Rimski-Korssakow hinzu. »Würden Sie uns bitte Ihren Sohn noch für eine kleine Weile überlassen? Wir möchten noch ein Stück von Sergeis Oper hören. Bitte, gedulden Sie sich noch einen Augenblick.«

Und schon waren sie wieder verschwunden. Aber jetzt stürmte alle zehn Minuten ein anderer aus dem Prüfungszimmer heraus und berichtete der Mutter von den Fähigkeiten ihres Sohnes.

Die Prüfung dauerte sehr lange. Natürlich war Sergei am Ende erschöpft, aber das Ganze hatte ihm auch Spaß gemacht. Rimski-Korssakow klopfte schließlich dem Jungen auf die Schulter und sagte zu Glasunow: »Das ist ein Schüler nach meinem Geschmack.«

Die Mutter schrieb sogleich einen fünfzehn-seitigen begeisterten Brief nach Sontzowka. Sie unterrichtete darin den Vater über alle Einzelheiten der Prüfung ihres Serjoscha, die am Konservatorium zur Sensation geworden war. Und wenn dort von dem neuen Schüler gesprochen wurde, sagte man:

Sergei Prokofjew, das dreizehnjährige Genie.

Sergei Prokofjew am Klavier

Und was ist weiter aus Sergei Prokofjew geworden?

Zehn Jahre studiert nun Sergei Prokofjew in Petersburg und Moskau Komposition, Klavier und Dirigieren. Mit siebzehn Jahren spielt er zum ersten Mal öffentlich in einem Konzert sieben seiner Klavierstücke. Drei Jahre später werden die ersten Werke von ihm gedruckt: eine Sonate und vier kleinere Stücke für Klavier, alles stark rhythmische, äußerst originelle Kompositionen. Er erhält dafür nur hundert Rubel, aber wichtiger als Geld ist es ihm, gedruckt zu werden.

1914 schließt Prokofjew seine Studien am Konservatorium mit einem Diplom ab. Ausgerechnet in Komposition erhält er eine schlechte Note, es versteht eben noch kaum jemand seine moderne Tonsprache. Viel mehr Bedeutung wird für ihn die Note im Klavierspiel haben. Der beste Pianist soll nämlich den Rubinstein-Preis, einen nagelneuen Flügel, erhalten. Prokofjew spielt sein erstes Klavierkonzert und gewinnt den Preis. Als Belohnung für seine erfolgreiche Abschlußprüfung spendiert ihm die Mutter eine Reise nach London. Dort trifft er mit Diaghilew, dem Direktor des berühmten russischen Balletts, zusammen, der zunächst ebensowenig mit Prokofjews Musik anfangen kann, wie alle anderen. Erst später kommt es zu einer Zusammenarbeit.

Ein Jahr später – 1915, der Erste Weltkrieg ist schon im Gange – tritt er in Rom erstmalig im Ausland auf. Wieder daheim, führt Prokofjew seine ›Skythische Suite‹ auf. Auch die Orchestermusiker haben kein Verständnis für diese fremdklingende Musik. Bei den geforderten heftigen Paukenschlägen zerschlug ein Paukenschläger das Fell seiner Trommel, und ein Cellist, den die Posaune hinter ihm fast taub machte, jammerte: »Wenn ich nicht eine kranke Frau und drei Kinder zu ernähren hätte, würde ich das nicht durchhalten.«

Bei der Aufführung kommt es zu einem Skandal. Nur wenige verstehen seine Musik wirklich. Den meisten ist sie zu laut, zu sehr vom Rhythmus geprägt, zu dissonant. Aber Prokofjew kann auch anders komponieren. 1917 entsteht die ›Klassische Sinfonie‹, eine Nachahmung einer Haydn-Sinfonie.

Was das Werk aber so originell und humorvoll macht, sind Prokofjews kleine Anspielungen auf moderne Musik – eine falsche Note oder ein Taktschlag zuviel oder zuwenig –

die nicht zu einem Musikstück im Stil des 18. Jahrhunderts passen.

Im gleichen Jahre bricht in Rußland die Revolution aus. Der Zar wird abgesetzt. Prokofjew möchte nach Amerika auswandern. Das war jedoch in diesen Revolutionswirren ein schwieriges Unterfangen. Achtzehn Tage lang mußte er mit der Eisenbahn durch Sibirien fahren, um die russische Hafenstadt Wladiwostock am japanischen Meer zu erreichen. Mit dem Schiff reiste er nach Tokio, der Hauptstadt Japans. Dort bleibt er drei Monate. Im September 1918 ist dann Prokofjew endlich in New York. Er versucht vergebens, in Amerika Fuß zu fassen, denn seine Musik wird auch hier nicht verstanden. Seine Konzerte werden nicht besucht. 1919 erkrankt Prokofjew schwer an Scharlach und Diphterie. Er ist so deprimiert, daß er wieder nach Rußland zurückkehren möchte. Aber zunächst einmal dirigiert er 1921 in London sein erstes Ballett ›Chout‹. Diaghilew hat diese Komposition als Eröffnungsstück für sein Englandgastspiel gewählt. Wenn auch die Kritiker mit der Musik nicht einverstanden sind, dem Publikum gefällt sie.

Ein Jahr später hält sich Prokofjew für einige Zeit in Oberbayern auf. Hier findet er endlich Abgeschiedenheit und Ruhe für seine Arbeit. Von Ettal aus unternimmt er verschiedene Konzertreisen in europäische Hauptstädte und besucht auch Amerika wieder. Als Pianist feiert er jetzt große Erfolge, auch mit seinen eigenen Klavierkonzerten. Er schreibt für Musikzeitschriften und komponiert hin und wieder kleine Stücke für wandernde Theatergruppen.

1927, nach neun Jahren, kommt Prokofjew das erste Mal wieder nach Rußland. In Moskau wird ihm ein triumphaler Empfang zuteil. Er gibt mehrere Konzerte. Musiker, Zuhörer und Kritiker sind von seiner Musik begeistert. Besonders die Musik zu seiner Märchenoper ›Die Liebe zu den drei Orangen‹, die er 1919 komponiert hatte, wirkt auf das Publikum wie »ein Glas Champagner«. Aber noch lassen die politischen Verhältnisse ihn nicht in Rußland bleiben.

Acht weitere Jahre führt er ein Nomadenleben. Nirgendwo ist er recht zu Hause. Erst 1934 kehrt Prokofjew endgültig nach Rußland zurück. Wie alle Russen ist auch er eng mit seiner Heimat verbunden. Er hat erkannt, daß der Künstler nicht »fern seiner heimatlichen Quellen herumschweifen sollte«. Kurze Zeit später, 1936, entsteht ›Peter und der Wolf‹.

Während des Zweiten Weltkrieges lebt der Komponist mit seiner Familie in Mittelrußland. Dort beschäftigt er sich intensiv mit der russischen Volksmusik. Ein Jahr später schreibt er für den berühmten Filmregisseur Sergej M. Eisenstein Filmmusiken. 1943 mit der Familie nach Moskau zurückgekehrt, komponiert er Klavierstücke, Lieder, Sinfonien, Sonaten, Konzerte, die Oper ›Krieg und Frieden‹ nach dem Roman des berühmten russischen Schriftstellers Leo Tolstoi, das Ballett ›Das Märchen von der steinernen Blume‹ und vieles mehr.

Zweimal wird Prokofjew von der russischen Staatsführung gerügt. Ihrer Meinung nach ist seine Musik nicht volkstümlich genug. Prokofjew verspricht daraufhin 1949: »Ich werde eine klare musikalische Sprache sprechen, die meinem Volk verständlich und lieb ist.«

Seine letzten Werke klingen dann auch melodiös und sind leicht verständlich. Bis zu seinem Tode arbeitet der Komponist an seinem umfangreichen Werk, das 178 Kompositionen umfaßt.

Am 5. März 1953 arbeitet Prokofjew den ganzen Tag über. Abends unternimmt er wie gewohnt seinen Erholungsspaziergang. Er fühlt sich nicht ganz wohl und kehrt früher als sonst nach Hause zurück. Kurz darauf erleidet er einen Gehirnschlag und stirbt.

Überall in der Welt trauerte man um den bedeutendsten russischen Musiker der Gegenwart. Der englische Komponist Benjamin Britten erklärte:

»Ein Komponist so voller Vitalität und solcher Kühnheit, solcher Fröhlichkeit! Das ist ein Verlust für die Welt.«

Rollschuh-Rhapsody

New York, am 12. Februar 1924: Im dichten Schneegestöber drängen Tausende von festlich gekleideten Besuchern zum Eingang der New Yorker Aeolian-Hall, einem der berühmtesten Konzertsäle der Welt. Sie schieben und stoßen einander, als würde eine große Sportveranstaltung auf sie warten. Sie wollen aber keinen Boxkampf sehen; sie sind gekommen, um ein Konzert zu hören.

Die ganze Musikwelt von New York fiebert diesem Ereignis entgegen. Zehntausende, die dieses Konzert gerne hören möchten, müssen abgewiesen werden.

Was ist der Grund für dieses große Interesse bei der musikbegeisterten New Yorker Bevölkerung? Nun, das neueste Orchesterwerk eines 26jährigen Amerikaners soll heute uraufgeführt werden. Und alle versprechen sich davon eine musikalische Sensation.

Während sich der Konzertsaal langsam füllt, geht der junge amerikanische Komponist hinter der Bühne auf und ab wie ein Tiger im Käfig. Der lange schlaksige Kerl mit großer vorspringender Nase wirkt nervös und angespannt. In wenigen Minuten soll er am Flügel sitzen und mit dem berühmten Unterhaltungsorchester seines Freundes, des »Jazzkönigs« Paul Whiteman, sein neuestes Stück spielen, die

Rhapsody in Blue.

Paul hatte früher einmal seinen Freund gefragt, warum er seine Komposition ›Rhapsody‹ nennen würde. Nun, Rhapsoden nannten sich die herumziehenden Sänger der alten Griechen, die den Leuten durch ihre Musik Neuigkeiten mitteilen wollten. Und das wollte dieser junge Mann mit seiner Rhapsody auch. Als erster Komponist der Welt hatte er in diesem Werk versucht, die europäische Musik mit der amerikanischen Negermusik zu verbinden und damit den

Jazz konzertfähig zu machen. Aber je näher das Konzert rückt, desto unsicherer wird der junge Komponist. Wie würde das Publikum auf diese neuartige Musik reagieren?

Plötzlich stürzt Paul Whiteman auf ihn zu.

»He, George«, ruft er außer Atem, »halt dich fest. Der Saal ist zum Bersten voll, und vorn in der ersten Reihe sitzen berühmte Komponisten, Pianisten und Dirigenten. Alle wollen dein neues Stück hören.«

»Oh, Paul, ob die Rhapsody wirklich was taugt? Jedermann erwartet doch heute etwas ganz Besonderes. Du weißt doch – ich hatte nur drei Wochen Zeit, um das Stück zu schreiben. In 21 Tagen kann man doch kein überragendes Werk komponieren.«

»Mit deinem Talent, George, kann man so etwas in drei Wochen schaffen«, gibt Paul zurück. »Ohne Talent würdest du es auch in drei Jahren nicht geschafft haben. Glaub mir, das Stück wird ein Welterfolg. Da bin ich hundertprozentig sicher. Ich hab' ne Nase für so was.«

Doch George beruhigt sich nicht: »Paß auf, das Ganze wird ein Reinfall, Paul. Ich kann einfach nicht spielen. Bitte, sag den Leuten draußen, daß die Rhapsody heute nicht aufgeführt wird.«

»Dafür ist es zu spät, mein Lieber«, antwortet Paul Whiteman. »Dieses Konzert hat mich über 11000 Dollar gekostet. Kapierst du das?!«

Und dann ist es soweit. Erwartungsvolle Stille herrscht im Konzertsaal. George nimmt am Flügel Platz. Seine Hände zittern vor Lampenfieber. Paul Whiteman steht am Pult und gibt den Einsatz. Da ist auch schon der rasante, raketenhafte Klarinettenlauf. Die Zuhörer sind wie elektrisiert. Von Takt zu Takt wächst die Spannung. Und während Paul Whiteman dirigiert, kommen ihm die Tränen, denn er spürt, daß die Rhapsody es geschafft hat. Er weiß später gar nicht mehr, wie er überhaupt das Konzert über die Runden gebracht hat.

Auch George spielt wie im Traum. Dann die letzten Akkorde. Ende. Stille. Die Sekunden kommen George wie

Stunden vor. Aber dann bricht ein Beifallssturm ohnegleichen los. So etwas hat die Aeolian Hall noch nicht erlebt. Die Zuhörer sind aufgesprungen, applaudieren und schreien begeistert: »Bravo, bravo.« Nie zuvor hatte das Publikum solche Musik gehört.

George sitzt in sich zusammengesunken am Flügel, erschöpft von der Anstrengung und benommen von dem ungeheuren Erfolg. Er kann das Ganze noch gar nicht fassen. Langsam erhebt er sich, tritt nach vorn an die Rampe und verneigt sich. Es ist:

GEORGE GERSHWIN.

Durch diesen Erfolg wird George Gershwin mit einem Schlage weltberühmt. Die ›Rhapsody in Blue‹ wird das beliebteste und meist gespielte Orchesterwerk Amerikas. Es bringt George Gershwin schon allein durch den Verkauf von Noten und Platten innerhalb der nächsten zehn Jahre eine Million Mark ein.

Dabei hatte zwanzig Jahre früher niemand bei den Gershwins auch nur im entferntesten daran gedacht, daß George jemals etwas mit Musik zu tun haben könnte. Im Gegenteil, der kleine George bezeichnete alle Jungen, die sich mit Musik beschäftigten, als »Sissies«, das heißt Muttersöhnchen. Und Vater Morris war felsenfest davon überzeugt, daß sein Sohn später einmal so etwas wie Baseballspieler oder Rollschuhkunstläufer werden würde. Und wenn Mutter Rose aus einem Fenster des schäbigen Mietshauses, in denen die Gershwins wohnten, hinabschaute auf die schmutzige, lärmerfüllte New Yorker Großstadtstraße, konnte sie ihrem Mann nur zustimmen. Da unten spielte ihr Sprößling den ganzen Tag über mit seinen Freunden Baseball oder lief mit ihnen Rollschuh. George hatte tatsächlich nichts von einem Wunderkind, das schon als kleiner Knirps Klavier spielt oder komponiert. Er war ein richtiger Gassenjunge, der sich auf den dicht bevölkerten Asphaltstraßen riesiger Häuserschluchten und in tristen Hinterhöfen heruntergekommener Mietshäuser herum-

In 24 Tagen schrieb George Gershwin seine ›Rhapsody in Blue‹. »Jazzkönig« Paul Whiteman sieht schon bei der ersten Probe den Welterfolg voraus, während der erschöpfte Komponist noch skeptisch ist.

trieb. Kein Baum, kein Stückchen Grünfläche war hier zu finden. Da mußten die Gershwins schon sonntags hinausfahren in die Parks oder an den Strand, wo die Kinder mit tausend anderen Karussell fuhren und sich an Würstchen und Eis gütlich taten.

George war ein echtes New Yorker Großstadtkind. Er kannte diese Millionenstadt wie kein zweiter, weil er in den ersten Jahren seines Lebens mehr als fünfundzwanzigmal von einem New Yorker Stadtteil in den anderen umgezogen war. Diesen häufigen Wohnungswechsel hatte George seinem Vater zu verdanken: Morris Gershwin war am Ende des letzten Jahrhunderts als Moritz Gerschowitz 22jährig aus Rußland ausgewandert, um hier in Amerika, dem Land der unbegrenzten Möglichkeiten, reich zu werden und sich als unabhängiger Mann zu fühlen. Hier in Amerika zählte nur Leistung, und wenn man fleißig war, konnte man es tatsächlich zu etwas bringen. Er brauchte nur seine russischen Freunde, die Bruskins, anzusehen. Die hatten in kurzer Zeit hier in New York mit russischen Pelzen ein Vermögen verdient.

Moritz Gerschowitz, der sich inzwischen amerikanisch Morris Gershwin nennt, heiratet zwar bald darauf die Tochter der Bruskins, aber mit den Millionen will es nicht klappen. In einem Dutzend Berufen versucht er sein Glück: als Pächter eines Restaurants, als Inhaber eines Zigarrengeschäftes, eines Billardsalons, einer Pension, einer Bäckerei, eines Wettbüros und als Bademeister russischer und türkischer Bäder. Aber überall macht er nach kurzer Zeit pleite. Kein Wunder, daß die Gershwins meist in den ärmlichsten Gegenden New Yorks wohnen. Dabei kann Vater Morris nur von Glück reden, daß seine Frau Rose eine energische und fleißige Frau ist, die es versteht, auch mit wenig Geld auszukommen.

Zwei Jahre nach der Geburt ihres ersten Sohnes Ira kommt 1898 ein Bub zur Welt, der den Namen Jacob erhält, später aber George genannt wird. Vater Morris hat große Pläne mit seinen Söhnen. Er will, daß etwas besonders

Tüchtiges aus ihnen wird. Deshalb ist er bereit, jeden Cent für die Ausbildung seiner Kinder zu opfern, denn ihm selbst war eine gute Ausbildung versagt geblieben. Aber George ist alles andere als ein Musterknabe. Er haßt die Schule und alles, was damit zusammenhängt, wie die Pest. Immer wieder wenden sich die Lehrer an seinen Bruder. Sie beklagen sich über Georges Faulheit und seine schlechten Leistungen. Und Ira muß sie beruhigen und versprechen, daß sich George bessern wird. George aber bessert sich nicht. Warum auch, denkt er, auf der Straße herumtoben ist doch tausendmal schöner als zu Hause hocken und Hausaufgaben machen.

Sport ist nun mal seine Leidenschaft. Er hat nichts anderes im Kopf. Und wenn er mit seinen Freunden nicht gerade Baseball oder Kricket spielt, hat er die Rollschuhe an den Füßen. George ist bei den Jungen auf der Straße anerkannt und beliebt, weil er bei ihren handfesten Prügeleien einstecken, und mehr noch, austeilen kann. Vor allem aber, weil er Rollschuh-Champion ist. Wenn sie Wettrennen veranstalten, fährt er ihnen allen auf und davon. Und nicht selten ist George ihr Anführer, wenn es um Streiche oder Spiele geht. Sein Bruder Ira dagegen macht bei all dem nicht mit. Er sitzt lieber auf dem Bürgersteig und schmökert Comics und Schundromane. Für George ist es völlig unverständlich, wie jemand auch in seiner Freizeit noch lesen kann.

Sechs Jahre ist George alt, als er in kurzen Baumwollhosen barfuß die 125. Straße hinunterspaziert. Die meisten Straßen in New York tragen ja keine Namen wie bei uns, sondern werden durch Zahlen gekennzeichnet. Plötzlich bleibt er wie festgenagelt stehen. Aus einer buntbemalten Tür dringt Musik. Es ist eine eigenartige weiche Melodie, und er wird von dieser Musik wie von Zauberkraft angezogen. Er muß da hinein, ob er will oder nicht. Und weil die Tür einen Spalt weit aufsteht, wagt George seinen Kopf hineinzustecken. Die eigenartigen Töne kommen aus einem alten Klavier. Aber wer spielt denn da? Es sitzt ja gar niemand davor. George schaut wie gebannt auf dieses Wunderklavier, bei dem sich die Tasten wie von Geisterhand bewegen. Als die Musik geendet hat, schlendert ein Mann von der Theke herüber und wirft ein kleines Geldstück in einen Schlitz am Instrument. Und von neuem beginnt die seltsame Melodie.

Auf dem Heimweg summt sie George wieder und wieder vor sich hin. Sie will ihm nicht mehr aus dem Kopf gehen. Abends im Bett erfährt er von Ira, daß diese Melodie von einem elektrischen Klavier gespielt wurde.

Seit dieser Zeit drückt sich George immer wieder in der Gegend herum, wo das geheimnisvolle Klavier steht. Und wenn er irgendwo einen Nickel, eine Art Zehnpfennigstück, ergattern kann, fährt er, so schnell es geht, mit seinen Rollschuhen die 125. Straße zur Bar hinunter, wirft den Nickel in den Schlitz des elektrischen Klaviers, setzt sich davor, stützt den Kopf in die Hände und lauscht.

Wenig später ziehen Gershwins nach Harlem, ins New Yorker Negerviertel. Hier findet George zwar kein elektrisches Klavier, dafür aber etwas anderes, das ihn ungemein fasziniert: die »Juke Boxes«. Das waren Musikautomaten. Man warf Nickelstücke in einen kleinen Schlitz des Apparates, steckte sich zwei Gummischläuche in die Ohren, und schon konnte man die neuesten Schlager hören.

Die Juke Boxes hatten dem elektrischen Klavier gegenüber den Vorteil, daß man zwischen vielen verschiedenen Musiktiteln wählen konnte. Ein Lied hatte es George besonders angetan: ›Put your arms around me, honey‹ – Leg deine Arme um mich. Und weil er es immer wieder hören mochte, mußten viele Nickelstücke daran glauben, die er mit Bitten und Betteln den Eltern abgeschwatzt hatte. Wenn man bedenkt, daß es zu dieser Zeit in den Wohnungen weder Rundfunkgeräte noch Plattenspieler gab, war so eine Juke Box natürlich eine feine Sache.

Aber da gab es noch etwas, das den jungen Gershwin immer wieder anzog: das »Nickelodeon«. In diesem Saal liefen die ersten Stummfilme über eine aufgespannte Leinwand. Und ein Schwarzer spielte dazu auf einem scheppernden Klavier. An einem Nachmittag kann sich George von diesen sich bewegenden flimmernden Bildern gar nicht trennen. Er merkt nicht, daß es draußen schon dunkel geworden ist. Jetzt muß er aber schleunigst heim. In Windeseile schnallt er seine Rollschuhe an, und ab geht die Post. Da dringt auf einmal Musik an sein Ohr. Aber was für eine Musik! Sie kommt drüben aus der Bar, dem »Baron Wilkins Club«.

George ist von den Tönen so fasziniert, daß er stehenbleibt und den Straßenlärm ringsum nicht mehr wahrnimmt. Er hört nur die Instrumente, die sich miteinander unterhalten, die weinen und lachen, jauchzen und seufzen und Dinge erzählen, für die es keine Worte gibt. Und wieder fühlt er die Zauberkraft der Musik, die ihn magisch anzieht. George weiß, daß man zu Hause auf ihn wartet, aber er kann nicht anders, er muß da hineinschauen. Und er schnallt hastig seine Rollschuhe ab und drängt sich mit anderen Leuten ins Lokal. Dichter Zigarettenqualm schlägt ihm entgegen. Der Raum ist nur schwach erleuchtet, und George kann Personen und Gegenstände nur undeutlich wahrnehmen. Ringsum sitzen und stehen ausnahmslos Schwarze. Im schummrigen Licht sieht man nur das blendende Weiß ihrer Zähne. Vorn auf der Tanzfläche bewegen sich schwarze Gestalten in geschmeidigen Rhythmen. Und George muß sich unwillkürlich mitbewegen zu dieser erregenden Musik. Jetzt gewöhnen sich seine Augen auch an das Halbdunkel, und er kann erkennen, woher die Musik kommt. Oben auf der Bühne spielen fünf schwarze Jazzmusiker wie besessen eine wilde, gehetzte Musik. Sie wirkt auf George in ihrer Atemlosigkeit wie das Leben draußen in der brodelnden Großstadt. Der Gassenjunge ist so gebannt von dieser Musik, daß er gar nicht merkt, wie ihn jemand zur Tür hinausschiebt. Draußen erwacht er wie aus einem Traum. Ihn fröstelt. Es ist schon sehr spät geworden. George schnallt wieder seine Rollschuhe an und rast heim.

Er stößt dabei Passanten an, die ihm nachschimpfen, aber er merkt nichts davon. Er hat nur diesen hämmernden Rhythmus im Ohr, der ihn nicht losläßt.

Von nun an hat ihn die Musik gepackt. Freilich meidet es George immer noch, sein Interesse zu zeigen, denn als »Sissie« will er bei seinen Freunden unter keinen Umständen gelten. Und eigentlich paßt das auch gar nicht so recht zu einem richtigen Gershwin, denn bei denen hatte bisher noch niemand ernstlich mit Musik zu tun gehabt. Lediglich bei besonderen Familienfesten kam es mal vor, daß sein Vater, wenn er etwas zuviel Wein getrunken hatte, aufstand, mit dem Löffel ans Weinglas klopfte und sagte: »Liebe Gäste, meine Damen und Herren, jetzt kommt die Attraktion des Tages.«

Und dann zog er einen Kamm aus der Tasche, spannte ein dünnes Papier über die Zinken und begann, beliebte Opernarien darauf zu »spielen«. Das klang so komisch, daß sich die Gäste bogen vor Lachen. Und als Zugabe pfiff der Vater noch ein altes russisches Lied auf einem Schlüssel.

Als Neunjähriger verliebt sich George in ein kleines Mädchen aus der Nachbarschaft. Aber es sind nicht seine lachenden Augen und das lustige Grübchen im Kinn, die es George angetan haben. Es ist seine zauberhafte Stimme, die so hell und klar klingt wie eine Silberflöte. Immer wieder findet George einen Vorwand, um seine kleine Freundin aufsuchen zu können. Und wenn er dann bei ihr zu Hause ist, bittet er sie gleich, ihm etwas vorzusingen, und er ist jedesmal aufs neue von ihrer Stimme hingerissen. Natürlich schämt sich der Neunjährige vor seinen Freunden, daß er ein Mädchen mag. Deshalb gehen die Besuche nur heimlich vonstatten. Aber im Grunde ist er nur in die Stimme des Mädchens vernarrt.

Seine Liebe zur Musik wird immer größer, und die Lust an Sport und Spiel tritt mehr und mehr in den Hintergrund. An einem Nachmittag findet in seiner Schule ein Konzert statt. Max Rosenzweig, der in die Klasse unter ihm geht – und das geigende Wunderkind genannt wird – spielt öffentlich. Fast alle aus seiner Klasse wollen dabei sein. George aber findet es einfach blöd, daß einer da im schwarzen Samtanzug auf der Bühne steht und herumfiedelt. Und überhaupt, so ein klassischer Kram war nur etwas für weiche Typen. Für ihn kam das nicht in Frage. Da spielt er doch lieber mit seinen Spezis im Schulhof Kricket.

Er zieht seine Sportmütze etwas tiefer ins Gesicht und treibt mit einem kräftigen Schlag den Ball über den ganzen Schulhof. Da dringt Maxies Geigenspiel aus den Fenstern des Saales zu ihm herunter. George läßt den Kricketschläger sinken. Ganz plötzlich hat er alles um sich herum vergessen. Er hört nicht, wie die Freunde rufen: »Georgie, lauf los. Mann, lauf doch, mach Punkte, lauf, lauf.«

George rührt sich nicht. Seine Kameraden kommen auf ihn zu und klopfen ihm auf die Schulter: »Georgie, was ist los, bist du krank?«

Keine Antwort. George dreht sich nur um und geht schnurstracks auf das Schulhaus zu. Er muß sich auf der Stelle diesen Max Rosenzweig anschauen. Denn nie zuvor hat er so schöne Musik gehört. Aber die Tür des Schulhauses ist abgeschlossen. Auch gut, dann würde er eben hier auf Maxie warten, bis das Konzert zu Ende ist. Wenn der eine so schöne Musik spielen konnte, dann mußte er ihn genauer kennenlernen.

Es dauert auch nicht lange, da verstummt das Geigenspiel, und die Zuhörer strömen aus dem Konzertsaal. George wird immer nervöser. Was soll er Max nur sagen? Er war ja nicht mal in seinem Konzert gewesen.

Inzwischen haben sich alle Besucher auf den Heimweg gemacht; Max aber kommt nicht. Es beginnt zu regnen, doch das macht George nichts aus. Er muß den jungen Musiker sprechen. Er fühlt, daß diese Begegnung für ihn von Bedeutung sein würde. Es regnet immer heftiger. Nun wartet er schon eine halbe Stunde.

›Irgend etwas stimmt da nicht‹, denkt George. ›Vielleicht hat Maxie einen anderen Ausgang benutzt?‹

Und so ist es auch.

»Der Rosenzweig ist längst heimgegangen«, bestätigt ihm der Hausmeister.

Armer George! Da steht er nun – wie ein begossener Pudel. Doch er schüttelt trotzig den Kopf, streicht sich die nassen Haare aus der Stirn, zieht sein Hemd aus, das ihm am Körper klebt, und rennt durch den Regen die Straße hinunter. Maxie wohnte nicht weit entfernt. Warum sollte er ihn nicht zu Hause aufsuchen und dort mit ihm reden? Georges Herz klopft bis zum Hals, als er bei Rosenzweigs klingelt. Maxie öffnet selbst die Tür. George schüttelt ihm die Hand. Die beiden Jungen finden sich auf Anhieb sympathisch.

»Ich bin George aus der Klasse über dir. Ich wollte dir nur sagen, daß du toll gespielt hast, heute im Konzert«, stottert George verlegen.

»Freut mich, daß es dir gefallen hat, George«, antwortet Maxie freundlich.

Jetzt hat George seine Verlegenheit überwunden.

»Du, Maxie«, bettelt er, »würdest du mir das Stück, das du zum Schluß gespielt hast, noch mal vorspielen?«

»Die ›Humoreske‹ von Dvořák! Das mach ich gern. Allerdings klingt sie ohne Klavierbegleitung nur halb so schön«.

»Ach«, seufzt George, »Klavier müßte man spielen können«.

Aber Maxie hat schon die Geige unters Kinn geklemmt und spielt noch einmal, was George so begeistert hatte. Und dann muß er noch ein Stück spielen und noch ein Stück. George kann gar nicht genug bekommen.

Sooft es geht, ist der Neunjährige jetzt bei Maxie und hört ihm beim Üben zu. Die beiden werden unzertrennliche Freunde. Max ist so ganz anders als die anderen Kameraden. Er wirkt zierlich und zart und spricht stundenlang voller Begeisterung über Musik. Und das ist für George jetzt wesentlich spannender als Rollschuhlaufen und Baseballspielen. Fast täglich gehen die beiden spazieren, und Maxie erzählt seinem neuen Freund aus dem Leben vieler Komponisten und erläutert ihm ihre Musik. Jetzt hat George für seine Sportkameraden keine Zeit mehr. Wenn er nicht mit Maxie zusammen sein kann, sitzt er daheim und überdenkt das, was ihm sein Freund erzählt hat. Die Mutter wundert sich über die Veränderung, die mit ihrem Sohn vorgegangen ist. Sie ahnt zwar etwas von der neuen großen Leidenschaft, die George befallen hat, aber erzählt hat dieser seinen Eltern noch nichts davon.

In George wächst der Wunsch, ein Instrument erlernen zu dürfen, am liebsten natürlich Klavier. Dann könnte er vielleicht Maxie begleiten. Aber woher ein Klavier nehmen? Im tiefsten Slum New Yorks, der East Side, wo die Gershwins inzwischen wohnten, galt ein Klavier als ungeheurer Luxus. Da entdeckt George ganz zufällig im Keller eines Freundes ein altes verstaubtes Piano. Er vergißt vor Aufregung die Rollschuhe abzuschnallen und stürzt sich auf das Instrument. Das erste Mal in seinem Leben schlägt er eine Taste an. Das Klavier ist zwar grausig verstimmt, aber für George klingt es himmlisch. Langsam reiht er einzelne Töne aneinander, und allmählich fügt er sie zu den Melodien, die er schon oft in den Juke Boxes gehört hatte. Dabei fühlt er sich wie Kolumbus nach der Entdeckung Amerikas.

Von nun an sitzt George fast täglich im kalten Keller seines Kameraden und versucht, bekannte Schlager nachzuspielen. Bald aber klingen ihm die Melodien allein nicht mehr voll genug. Da müssen noch Baß-Akkorde als Begleitung in der linken Hand dazu! Und er probiert mit der Linken wieder und wieder, zu den Melodien die richtigen Harmonien zu finden. Jetzt klingt das Ganze gleich tausendmal besser!

Wieder einmal sitzt George da unten am Klavier und reiht Note an Note. Ganz allmählich entsteht so ein kleiner Song.

»He, George, was spielst du denn da?« fragt sein Freund, »das kenn ich ja gar nicht.«

»Kannst du auch nicht, ist mir gerade eingefallen«, erwidert George.

»Mann, Georgie, du bist'n Genie. Das ist ja 'n richtiger dufter Schlager. Geht ein wie Öl. Glaub mir's! Georgie, spiel das doch mal dem Maxie vor, der versteht doch was von der Sache.«

»Meinst du?« fragte George ungläubig.

»Na klar, Mann, der Maxie ist doch Experte.«

George ist sich nicht sicher, ob er das tun soll. Aber am nächsten Tag geht er doch zu Maxie.

»Maxie, ich würde dir gern mal was auf dem Klavier vorspielen«, sagt er verlegen.

»Auf dem Klavier? Du kannst Klavierspielen, George? Jetzt bin ich aber platt. Der Junge kann Klavier spielen und sagt keinen Ton davon. Das muß ich mir sofort anhören.«

»Komm mit, Maxie«, ruft George aufgeregt und zieht den Freund mit sich fort.

Unten im Keller muß sich Max auf eine alte Holzkiste setzen, und George spielt ihm seinen ersten selbstkomponierten Schlager vor. Er findet, daß er noch nie so schön gespielt hat wie heute. Nach dem Schlußakkord gibt es eine lange Pause. George schaut erwartungsvoll zu Maxie hinüber. Der erhebt sich jetzt langsam und geht zum Klavier.

»Georgie«, sagt er, »ich will dir nicht wehtun, das weißt du, aber ich kann dich auch nicht anlügen. Wir sind Freunde, und da muß man sich gegenseitig die Wahrheit sagen.«

»Na klar, Maxie, ich möchte deine ehrliche Meinung hören.«

»Also gut, George! Dann muß ich dir sagen, daß du überhaupt nicht talentiert bist. Glaub mir, so was höre ich sofort. Ich rate dir, laß die Finger von der Musik, ein für allemal.«

George sitzt wie versteinert. Er hatte doch so gehofft, daß Maxie seine Musik und sein Spiel gut fände. Und jetzt das!

Aber Maxie mußte es ja wissen. Wenn er das sagte, mußte es schon stimmen. Jetzt war alles aus, seine Träume vom Komponieren und Musizieren dahin!

Anfangs hatte Maxies Urteil George so niedergeschmettert, daß er keine Taste mehr anrührte. Er fuhr wieder Rollschuh und tobte mit den anderen Freunden herum. So sehr er sich aber bemühte, die Musik aus seinem Leben zu verdrängen, es gelang ihm nicht. Immer wieder ertappte er sich dabei, wie er selbsterdachte Melodien pfiff und in Gedanken nach dazu passenden Harmonien suchte.

Doch dann kam der Tag, der seinem Leben die entscheidende Wende gab.

Der zwölfjährige George steht oben am Fenster und schaut angestrengt auf die Straße. Er scheint etwas Wichtiges zu erwarten.

»Warum bist du nicht unten und spielst mit den anderen, George?« fragt die Mutter.

»Keine Lust, Mam.«

Ira, der auf dem Sofa liegt und Comics liest, blickt kurz auf und meint: »Mit Georgie ist schon seit Wochen nichts mehr anzufangen.«

»Du, Mam«, fragt George ärgerlich, »wann kommt eigentlich das Klavier, das ihr für Ira gekauft habt?«

Da begreift die Mutter. »Du liebe Zeit, du wartest auf das Klavier? George, das Piano ist kein Spielzeug. Klavierspielen ist eine Sache, die man ernsthaft betreiben muß. Vater will, daß erst einmal Ira Klavierunterricht erhält.«

Doch George hört schon gar nicht mehr zu. Er hat etwas entdeckt.

»He, Mam, sieh mal, da hält ein Pferdefuhrwerk vor unserem Haus«, ruft er aufgeregt. »Die bringen das Klavier. Es kommt, es kommt!«

Und George springt vor Freude wie ein Indianer im Zimmer herum.

»Aber wie wollen die denn das mordsgroße Instrument über die schmale Stiege hier heraufbringen?«

»Da mach dir mal keine Sorge, George. Wenn es nicht über die Stiege geht, dann eben durchs Fenster ...«

Und dann stehen auch schon drei muskelstarke Männer im Zimmer. Mit Hilfe eines Flaschenzuges oberhalb des Fensters ziehen sie das Piano ganz langsam die Hauswand empor. Sie heben es behutsam ins Zimmer und nehmen die schützende Wolldecke ab.

Da steht es nun: das nagelneue schwarze Klavier! Für George ist es wie Weihnachten. Jetzt braucht er bei niemandem mehr zu betteln, um einmal spielen zu dürfen. Jetzt kann er üben, wann immer und so lange er will.

Ehrfurchtsvoll nimmt er auf dem neuen Klavierhocker Platz und spielt die Melodie: ›Put your arms around me, honey‹ – sein Lieblingsstück. Noch nie hat es so schön geklungen wie auf diesem neuen, gestimmten Instrument.

Ira ist vom Sofa aufgesprungen.

»He, Georgie, das kann doch wohl nicht wahr sein!« Er schüttelt ungläubig den Kopf. »Mein kleiner Bruder kann Klavier spielen.«

Er stellt sich neben George ans Piano und hört ihm bewundernd zu.

»Donnerwetter, du spielst ja mit zwei Händen!« sagt er anerkennend. »Deine Linke legt aber mächtig los. Was spielst du denn da eigentlich?«

»Etwas, was ich mir selbst ausgedacht habe«, antwortet George. Die Mutter steht sprachlos an der Küchentür.

»George«, ruft sie begeistert, »wo hast du das denn bloß gelernt? Du mußt unbedingt Stunden bekommen. Ich werde heute abend mit Vater sprechen. Vielleicht kannst du ein Stück von Iras Klavierstunde abhaben.«

Der Vater ist zuerst gar nicht erfreut über diesen Vorschlag.

»Rose«, sagt er, »George ist sicherlich ein glänzender Rollschuhläufer und Kricketspieler, aber kein Musiker. Das kannst du mir glauben.«

»Bist du so sicher, Morris? Laß es ihn doch wenigstens

George und Ira bei ihren ersten Studien am Klavier

mal versuchen«, antwortet die Mutter tapfer. Und der Vater gibt nach.

Die ersten Klavierstunden erhielten die Jungen von Tante Kate. Ira hatte schon bald genug vom Üben. Das Herumsitzen und Tonleitern spielen war nichts für ihn. Wie gut für George! Denn so hatte er die ganze Klavierstunde für sich allein. Er war gar nicht mehr vom Klavier wegzubringen. Seine Freunde mußten ohne ihn ihre Rollschuhmeisterschaften austragen. George übte, und wenn er geübt hatte, erfand er eigene kleine Kompositionen.

Seine Finger glitten bald sicher über die Tasten, und er war selbst erstaunt, welch seltsame und neue Melodien und Rhythmen nun unter seinen Händen Gestalt annahmen.

George mochte Tante Kate gut leiden. Ihr hatte er eigentlich auch das neue Klavier zu verdanken. Sie nämlich hatte kürzlich ihren Söhnen ein Piano gekauft, und da wollten natürlich Georges Eltern nicht nachstehen. Tante Kate konnte aber ihrem neuen Schüler schon nach kurzer Zeit nichts mehr beibringen. So fand man in der Nachbarschaft eine neue Lehrerin für George. Miß Green war eine ältliche Dame mit schriller Stimme, die ihm für fünfzig Cents Stunden gab. Aber ihr Unterricht bestand fast nur aus technischen Übungen, und mit dem »neumodischen Zeug«, das George da vorspielte, konnte sie überhaupt nichts anfangen.

»Das ist doch keine Musik!« rief sie empört.

Für George aber war es Musik, und er wollte diese Musik auch spielen. Also mußte wieder ein neuer Lehrer engagiert werden, und weil George immer schneller vorankam und auch immer kritischer wurde, bald ein vierter.

Inzwischen hatte auch Vater Morris die große Begabung des Sohnes erkannt und war bereit, etwas für ihn zu tun.

»Rose«, sagte er eines Abends zu seiner Frau, »George muß jetzt Unterricht bekommen, der Hand und Fuß hat. Mir ist heute ein fabelhafter Musiker vorgestellt worden: Mister Goldfarb, ein gebürtiger Ungar. Weißt du, Rose, das ist der, der den ›Theodor-Roosevelt-Marsch‹ komponiert hat. Und Praxis hat der Mann natürlich auch. Er ist Dirigent eines großen Orchesters. Mister Goldfarb wäre bereit, George für einen Dollar fünfzig pro Stunde zu unterrichten.«

Schon wenige Tage später beginnt George bei dem neuen Klavierlehrer. Mister Goldfarbs schwarzer Schnauzbart und seine gewaltige Künstlermähne machen einen starken Eindruck auf ihn.

»Junger Freind, bittä sehrrr«, sagt er mit einem rollenden R in der Stimme und drückt seinen neuen Schüler auf den Klavierhocker. »Wir machen nix Übungen und nix Tonleitern. Wir nur machen richtige Musik. Wir spielen scheen. Und Wichtigstes: wir spielen mit Herrrz.«

Italienische Opern waren Mister Goldfarbs Spezialität, und George durfte nun nichts anderes mehr spielen als sentimentale Stücke.

Bald hatte George gehörig die Nase voll davon, denn gegen diese Art von Musik hatte er schon immer eine ausgesprochene Abneigung. So schmuggelte George während einer der nächsten Klavierstunden in ein schmalziges Opernpotpourri Jazzrhythmen hinein.

Nur so aus Spaß. Mister Goldfarb traute seinen Ohren nicht, er sprang auf, rannte im Zimmer auf und ab und brüllte: »Aufhören! Macht schöne Melodie kaputt. Macht sich lustig über italienische Operr. Schlechte Musiker, schlechte Mensch! Nix wie rraus hier! Hopp, Hopp!«

Der wütende Ungar mit der Löwenmähne hatte George einfach hinausgeworfen. Aber etwas Besseres hätte dem Dreizehnjährigen gar nicht passieren können. Nach diesem Eklat machte ihn nämlich ein guter Freund mit dem Konzertpianisten und Komponisten Charles Hambitzer bekannt.

Mister Hambitzer raufte sich die Haare vor Entsetzen, als George ihm die Wilhelm-Tell-Ouvertüre vorspielte, wie sie ihm Mister Goldfarb beigebracht hatte.

»George«, rief er außer sich, »ich will dich zu einem wirklich guten Pianisten ausbilden. Aber vorher müssen wir deinem alten Klavierlehrer eines auf den Hut geben. Unfaßbar, was der mit dir angestellt hat!«

George machte schnell Fortschritte. Mister Hambitzer war von seinem neuen Schüler begeistert.

»Der Junge ist ein Genie«, rühmte er George im Freundeskreis. Mister Hambitzer machte den Vierzehnjährigen mit den Werken der klassischen Komponisten bekannt und regte ihn an, Konzerte zu besuchen. Tatsächlich konnte man George jetzt oft in Konzertveranstaltungen finden. Doch mehr fühlte sich der junge Gershwin zur amerikanischen Unterhaltungsmusik hingezogen. Hambitzer konnte das nicht verstehen. Für ihn war die leichte Musik einfallslos und oberflächlich. Aber George versuchte seinem Lehrer klarzumachen, daß auch in der amerikanischen Volksmusik, insbesondere in den Liedern der Schwarzen, dem Blues, und in ihren geistlichen Gesängen, den Spirituals, sehr viel gute Musik steckt.

»Was ist das alles gegen die Musik eines Schubert oder eines Chopin!« antwortete dann Mister Hambitzer.

»Mister Hambitzer«, sagte George, »die klassische Musik ist die Musik der alten Welt drüben in Europa. Jazz ist die Musik der neuen Welt, die erregende Musik der Schwarzen, die unverwechselbar und typisch ist für unser Land. Beide sind auf ihre Art gut und interessant. Mir will nicht einleuchten, warum es nicht möglich sein sollte, sie in einer Komposition zu verbinden.«

»Unmöglich, George, so etwas kann man nicht machen, das gibt einen Stilsalat.«

»Dann werde ich es Ihnen beweisen, Mister Hambitzer, vielleicht schon bald«, antwortete George mit Überzeugung.

Und George komponierte weiter auf seine Art. Viel Zeit blieb ihm freilich nicht dafür, da ihn die Eltern inzwischen auf die Höhere Handelsschule geschickt hatten. George sollte ein ordentlicher Geschäftsmann werden wie seine Vorfahren in Rußland. Diese waren mütterlicherseits tüchtige Pelzhändler gewesen.

Ohne Zweifel hatte George einen ausgeprägten Geschäftssinn geerbt. Für fünf Dollar die Woche verdingte sich der Fünfzehnjährige in den Sommerferien als Pianist in einem Ausflugslokal. Zu Bienenstich und Limonade spielte er den Gästen die neuesten Schlager vor. George war mächtig stolz darauf, denn es war sein erstes selbstverdientes Geld und sein erstes Publikum.

Schon wenig später konnte er sogar einem erlesenen Publikum ein selbstkomponiertes Stück vorspielen. Der »Finley-Universitäts-Club« gab ein Konzert, und mit auf dem Programm stand sein Tango. Zum ersten Mal durfte George ein eigenes Werk öffentlich vortragen, und er hatte gleich einen Riesenerfolg damit. Natürlich bestärkt ihn das, weiterzumachen. Er will Komponist werden. Aber er ist sich auch im klaren darüber, daß er noch einen weiten Weg vor sich hat, und daß er noch viel dazulernen muß. Und das kann er nirgendwo besser als da, wo die Schlager und die leichte Musik Amerikas produziert werden, nämlich in der »Tin Pan Alley«, der Blechpfannen-Allee.

In dieser Straße gibt es einen Musikverlag neben dem anderen. Hier werden die neuesten Musikstücke gedruckt. Gleichzeitig versucht man, die Noten durch »Plugger«, die die frischen Songs am Klavier vortragen, an Musikinteressierte zu verkaufen.

Wie oft war George dort schon vorbeigegangen. Es klimperte, sang und dröhnte von früh bis spät aus sämtlichen Fenstern. Zu Recht hieß diese Straße »Blechpfannen-Allee«. Hier mußte George Fuß fassen, wenn er es als Komponist leichter Musik zu etwas bringen wollte, denn hier konnte er die Machart guter Schlager studieren, hier konnte er Kontakt zu Textern und Verlegern knüpfen.

Aber wie sollte er das den Eltern beibringen?

George faßt sich eines Tages ein Herz und vertraut der Mutter seine Pläne an. Diese ist gar nicht begeistert von den

Ideen ihres Sohnes. George soll zuerst einmal einen ordentlichen Beruf erlernen, der ihn ernähren kann. Außerdem findet sie, daß die Unterhaltungsmusik es nicht wert sei, sich beruflich mit ihr zu beschäftigen.

»Aber Mam«, wendet George ein, »ich will doch gerade beweisen, daß man auch gute leichte Musik machen kann.«

»George, mir gefällt die Sache nicht, und Vater wird auch nicht einverstanden sein.«

Doch der gute Dad, der schon zehn Berufe hinter sich hat, ist viel einsichtiger als die Mutter gedacht hat.

»Probier's halt, George«, sagt er. »Ich habe da einen guten Geschäftsfreund, Mose Gumble. Der arbeitet drüben in der Tin Pan Alley bei der Firma Remick. Mose kann sicher etwas für dich tun.«

Am nächsten Morgen schon steht George vor Mister Gumble, und der bringt den Fünfzehnjährigen zum Boss der Musikfirma.

»Nun leg mal los, Junge. Mal sehen, was du drauf hast«, sagt dieser zu George und läßt sich in einen Sessel fallen.

George spielt einige bekannte Schlager und auch einige eigene Songs. Der Chef nickt zufrieden.

»Du bist mit deinen fünfzehn Jahren zwar noch etwas jung«, sagt er, »aber mir gefällt deine frische Art, Klavier zu spielen. Okay, du kannst morgen als Plugger im Geschäft anfangen.«

George war engagiert! Zwar nur als Plugger, aber er spürte, das war die erste Sprosse auf der Leiter zum Erfolg. Er gehörte jetzt zur Tin Pan Alley und verdiente sechzig Dollar im Monat. Von seinem ersten Geld kaufte er sich einen neuen Anzug, um einen guten Eindruck zu machen. Als Jüngster wollte er von seinen Kollegen ernst genommen werden.

Als Plugger saß George nun in einem großen Raum der Musikfirma und klimperte von morgens bis abends Kapellmeistern, Produzenten und Alleinunterhaltern die neuesten Schlager vor. Die Plugger waren oft wichtiger als die

Komponisten selbst. Ihr Vortrag entschied über den Erfolg eines neuen Liedes. Es gab ja weder Rundfunk noch Schallplatte, die eine Melodie über Nacht bekannt machen konnten. Der Plugger mußte einen neuen Schlager schmackhaft servieren, damit die Noten an Bands verkauft und auf diese Weise populär gemacht wurden. Mit allen möglichen Tricks versuchte der Plugger, die Musikinteressierten in sein Geschäftslokal zu locken. Drinnen wurden zuerst mal Zigarren und Whisky angeboten. Dann spielte der Pianist sein Angebot an neuen Schlagern vor, oft noch unterstützt von Step-Tänzern, die die Musik noch attraktiver gestalten sollten.

Aber auch außerhalb der Tin Pan Alley bemühten sich die Plugger, ihre Schlager an den Mann zu bringen. Um sie einem breiten Publikum bekannt zu machen, präsentierten sie ihre neuesten Songs im Nickelodeon als Pausenfüller zwischen den einzelnen Stummfilmen. Und abends saßen sie oft in Lokalen und Biergärten mit Sängern und Schauspielern zusammen, denn sie wußten: wenn ein berühmter Gesangsstar ihren Song ins Programm nahm, war er bald in aller Munde.

Oft bekam George einen mit Noten vollgestopften Koffer in die Hand gedrückt, mit dem er in andere Großstädte reisen mußte, um dort in Kneipen, Musikgeschäften und Varietés die neuesten Schlager vorzutragen. Das war ein harter Job! George arbeitete meist mehr als zehn Stunden am Tag, und langsam wurde er unzufrieden mit seinem Beruf. Er kam sich vor wie ein Musikautomat, der von früh bis spät die neuesten Schlager herunterrasselt. Es wurde Zeit, den Pluggerberuf an den Nagel zu hängen; dieses Handwerk kannte George inzwischen in- und auswendig. Er hatte dabei all die Rezepte kennengelernt, mit denen gute Schlager zusammengebraut werden. Aber bevor er aus der Tin Pan Alley auszusteigen gedachte, wollte er seine Kompositionen noch bei einem der angeschlossenen Musikverlage unterbringen. Warum sollte er nicht gleich bei der Firma Remick anfangen, bei der er als Plugger angestellt war?

Schließlich nimmt er seine neuesten Kompositionen unter den Arm und spielt sie dem Geschäftsführer, Mose Gumble, vor. »Wird die Firma die Schlager drucken?« fragt er danach erwartungsvoll.

Gumble schüttelt den Kopf: »George, bleib bei deinen Leisten. Du bist hier als Plugger angestellt, nicht als Komponist. Überlaß das Komponieren Leuten, die ihr Geschäft verstehen.«

Wieder eine große Enttäuschung für George, aber er läßt sich nicht unterkriegen, denn er ist von seinen Songs überzeugt. Der junge Komponist versucht es bei anderen Musikverlagen, wieder und wieder. Aber es passiert immer das gleiche. Die Verlage schicken die Lieder dankend zurück.

Doch eines Tages liegt ein Brief auf seinem Tisch. Er ist vom Musikverleger Harry von Tiltzer. George reißt den Briefumschlag auf. Er kann nicht fassen, was da steht! Sein Titel ›When you want 'em, you can't get'em‹ ist angenommen und wird gedruckt. Deutsch hieße dieser Song etwa: »Wenn du's haben willst, kriegst du's nicht«. George erhält zehn Dollar für diesen Song. Das ist freilich nicht viel. Aber das Wichtigste für den Siebzehnjährigen ist, daß seine Komposition verlegt wird. Viele würden sein Lied singen, viele würden seinen Namen lesen. Er hat es geschafft!

Und was ist weiter aus George Gershwin geworden?

Noch konnte keiner ahnen, daß George Gershwin der berühmteste Komponist Amerikas werden sollte.

Doch langsam werden seine Lieder für die Produzenten zu einem Begriff. Diesen begabten Musiker durfte man nicht aus den Augen lassen. Einer der berühmtesten Komponisten des Showgeschäfts, Irving Berlin, ernennt Gershwin zu seinem Sekretär. Der große Musikverlag Harms zahlt dem jungen Musiker 150 Dollar pro Monat dafür, daß er seine Songs ausschließlich für ihn komponiert.

Im Jahr 1918 geht Amerika als großer Sieger aus dem Ersten Weltkrieg hervor. Jetzt wollen sich die Leute vergnügen. Revuen und Cabarets sind gefragt. Dazu braucht man zündende Musik. Das ist die Stunde George Gershwins. Seine erste große Revue ›La, la Lucille‹ bringt es auf hundert Aufführungen, der Song ›Swanee‹ wird ein wirklicher Hit, er wird der Schlager des Jahres. In wenigen Monaten werden davon Millionen Noten und Platten verkauft. Gershwin bringt es ein Vermögen ein. Jetzt spricht man überall von George. Er verpflichtet sich, vier Jahre lang gegen gutes Honorar für die Revue ›Scandals‹ Songs zu schreiben. Von den insgesamt 45 Liedern, die entstehen, werden einige sogar zu amerikanischen Volksliedern. Plötzlich beginnen sich auch die Manager von der Tin Pan Alley für Gershwin zu interessieren. Er wird mit Aufträgen überhäuft. George arbeitet nun eng mit seinem Bruder Ira zusammen, der für ihn die Texte zu seinen Liedern und Opern schreibt.

1923 unternimmt George seine erste Europareise. Besonders Paris hat es ihm angetan. Diese lebendige Weltstadt inspiriert ihn zu seinem berühmten Orchesterstück ›Ein Amerikaner in Paris‹, das später gekürzt unter der Regie des Musical- und Revuefilmregisseurs Vincente Minnelli verfilmt wird. Im gleichen Jahr komponiert Gershwin seine ›Rhapsody in Blue‹, die ihm endgültig Geld und Ruhm einbringt.

Ein Jahr später geht ein langgehegter Wunsch von George in Erfüllung. Fred und Adele Astaire, die beiden großen Tanzstars, treten in seinem Musical ›Lady be good‹ auf. Es wird ein ungeheurer Erfolg. Mit diesem Stück werden die Astaires und er gemeinsam in der ganzen Welt berühmt. Gershwin ist nun der bekannteste Musiker Amerikas, der

Szene mit Gene Kelly und Leslie Caron aus: »Ein Amerikaner in Paris«.

mehr Geld verdient als alle anderen Komponisten der Welt. Als reicher Mann könnte er das Geld mit vollen Händen ausgeben, aber das ist nicht nach seinem Geschmack. Gershwin fährt einen gebrauchten Mercedes und lebt bescheiden. Seine einzige Abwechslung ist der Sport. Er reitet, schwimmt, spielt Tennis und Golf. Täglich trainiert er sein Pensum am Punchingball, einem birnenförmigen Sack, der Boxern als Übungsgerät dient. Kein Wunder, daß er immer gut in Form ist.

Im Jahre 1928 trifft Gershwin mit dem berühmten Komponisten impressionistischer Musik, Maurice Ravel, zusammen. Der Franzose hört sich die Kompositionen seines amerikanischen Kollegen an und ist begeistert. Gershwin bittet Ravel um Kompositionsunterricht, aber Ravel erwidert: »Sie sind ein erstklassiger Gershwin, warum wollen sie ein zweitklassiger Ravel werden?«

Mit einer Reise nach London, Paris und Wien will Gershwin für einige Zeit dem amerikanischen Musikbetrieb entfliehen. In Paris trifft er mit vielen bedeutenden Musikern zusammen, auch mit Sergei Prokofjew. Der russische Komponist interessiert sich sehr für Gershwins Musik.

Nach Amerika zurückgekehrt, kauft sich Gershwin ein kleines originelles Haus, das auf dem flachen Dach eines New Yorker Wolkenkratzers steht. Hier oben haben George und Ira die nötige Ruhe zum arbeiten, und sie wohnen doch mitten im Herzen der Weltstadt. Da George großes Interesse an der Malerei hat, hängen bald die Wände voll von Bildern berühmter moderner Künstler. Hin und wieder versucht sich George auch selbst als Maler. Es zeigt sich, daß er auch auf diesem Gebiet viel Talent besitzt. Gershwins Tagesablauf ist nicht wie der anderer Leute. Er beginnt erst nach Mitternacht zu komponieren. Im eleganten Morgenrock, die Zigarre oder die Pfeife im Mund, sucht er Themen und Melodien am Klavier. Er hat nie geheiratet.

Inzwischen hat sich in der Filmstadt Hollywood etwas Sensationelles ereignet. Aus dem Stummfilm ist der Tonfilm geworden. Ein neues, hochinteressantes Arbeitsfeld für einen Musiker wie Gershwin tut sich auf.

George unternimmt im Juni 1932 eine Reise nach Kuba. Rhythmus und Eigenart der kubanischen Musik faszinieren ihn. Wenig später findet im Lewison Stadion in New York vor 18000 Besuchern ein Konzert statt, bei dem ausschließlich Gershwin-Werke gespielt werden! Die ›Cuban-Ouverture‹ wird an diesem Abend uraufgeführt.

Zwei Jahre später tritt er eine große Konzertreise an. Er fährt kreuz und quer durch Amerika, spielt und dirigiert in

28 Städten ausschließlich seine eigenen Werke. Im gleichen Jahr ist er dreimal wöchentlich im Rundfunk zu hören – als Ansager, Dirigent und Pianist.

Lange schon ist Gershwin auf der Suche nach einem geeigneten Opernstoff. Da stößt er auf die Liebesgeschichte vom buckligen Neger Porgy und dem schönen Negermädchen Bess. Er fährt in den Süden der USA, um die Negermusik an Ort und Stelle zu studieren. Heimgekehrt komponiert er das Opernwerk ›Porgy and Bess‹, ein Bühnenstück, in dem zum ersten Male Farbige als Hauptfiguren auf der Bühne stehen, und in dem Jazzelemente in die Opernmusik übernommen werden. Es wird ein Riesenerfolg.

Inzwischen hat George einen eigenen Musikverlag gegründet, die »Gershwin Publishing Company«, die in erster Linie seine Werke vertreibt.

So ist es nicht zu verwundern, daß sich George überarbeitet. In einer traumhaft schönen Villa in Hollywood, die er sich gekauft hat, will er sich erholen. Aber bald schon arbeitet Gershwin auch dort. Angeregt von der Atmosphäre Hollywoods beschäftigt er sich intensiv mit Filmmusik. Immer häufiger hindern ihn dabei heftige Kopfschmerzen. Die wenige Zeit, die er mit Hilfe von Tabletten schmerzfrei ist, arbeitet er wie besessen.

1937 gibt er für Filmstars ein Konzert. Mitten im Spiel verliert er für kurze Zeit das Bewußtsein. Die Ärzte sind ratlos. Tag für Tag schwinden seine Kräfte immer mehr. Stundenlang sitzt er nun im verdunkelten Zimmer und starrt vor sich hin. Nach einer kurzen Besserung bricht Gershwin am 10. Juli 1937 im Badezimmer zusammen. George wird sofort ins Krankenhaus eingeliefert. Es wird eine Tumoroperation am Kopf vorgenommen, die der Komponist aber nicht überlebt. Er stirbt, 39 Jahre alt.

Ganz Amerika trauert. Gershwin hat die aufregende Zeit der zwanziger und dreißiger Jahre Amerikas – die ›Golden Twenties‹ – in seiner Musik verkörpert, und die amerikanische Lebensart dieser Epoche überall in der Welt bekannt gemacht. Er war ein Komponist und Künstler, der alle Musikstile der Moderne in seinen Kompositionen zusammenfaßte und daraus etwas ganz Neues schuf. Die Sängerin Eva Gauthier, die viele seiner Lieder durch ihren Gesang bekannt gemacht hat, erklärte nach seinem Tod:

»George Gershwin wird leben, solange es Musik gibt. Nie wird er vergessen werden, und niemand wird seinen Platz einnehmen können.«

Glockenspiel und Trommelschlag

Neugierig steht der schlanke, junge Mann vor einer großen, gut verpackten Holzkiste, die gerade abgegeben worden ist. Was mochte da wohl drin sein? Schnell sind die Schnüre gelöst.

Da steht es vor ihm! Er kann es kaum glauben: ein echtes »Kaffernklavier«.

Wie sich später herausstellt, hatte eine Bekannte dieses einfache, afrikanische Xylophon einem Matrosen im Hamburger Hafen abgekauft, der eben mit dem Schiff aus Kamerun angekommen war.

Das neue Kaffernklavier muß natürlich sofort ausprobiert werden. Der junge Mann nimmt einen Holzstock, umwickelt ihn am Ende mit Stoff und schlägt die einzelnen Klangstäbe an. Erstaunlich, wie schön und voll dieses primitive Instrument klingt, das er nun endlich besitzt, nach dem er so lange Ausschau gehalten hat.

Seit Jahren versucht er schon ein geeignetes Instrumentarium zusammenzustellen, mit dem er spielerisch in der Gruppe musizieren kann. Der junge Mann weiß: in jedem Menschen steckt Musikalität. Sie zu wecken ist nicht schwierig, wenn man bereits Spielfreude und Phantasie des Kindes anzuregen versteht.

Wieviel Spaß machte es den Kindern allein schon, wenn sie mit Händeklatschen, Fingerschnalzen und Stampfen dem Rhythmus Ausdruck verleihen durften. Aber noch mehr Spaß hatten sie mit den Instrumenten, die er ihnen jetzt in die Hand gab: wie Triangel und Tambourin, Kugelrassel und Schellenkranz, Cymbeln und Becken, Holzblock und Kastagnetten, Trommeln, Pauken und Glockenspiel.

Mit dem afrikanischen Xylophon hatte er nun endlich das ganze Instrumentarium beisammen, das seinen Vorstellungen entsprach und sich dazu eignete, mit anderen gemeinsam zu musizieren und zu improvisieren.

Es war

CARL ORFF,

nach dem dieses kindgerechte, leicht zu handhabende Instrumentarium auch benannt ist.

Carl, der 1895 in München das Licht der Welt erblickte, war von klein auf von Musik umgeben. Sein Vater spielte Klavier und Bratsche und strich sogar den Contrabaß sehr ordentlich. Die Mutter, die schon mit zwölf Jahren das erste Konzert gegeben hatte, war eine meisterhafte Pianistin. So wurde täglich im Hause Orff musiziert. Am liebsten spielten die Eltern vierhändig, das war alte Familientradition.

Und Sonntag nachmittags sah man oft drei Herren mit Instrumentenkästen unterm Arm ins Haus treten, die mit den Eltern Klavierquintette einstudierten und vortrugen.

Musikalische Eindrücke empfing Carl aber nicht nur daheim. Orffs wohnten in einem großen dreistöckigen Gebäude in der Münchner Maillinger Straße, genau gegenüber der Marsfeld-Kaserne, denn Carls Vater war Offizier.

Wenn Carl hinter dem Haus in seinem »Kinderparadies« spielte, einem »verwilderten Garten mit viel Flieder, Liguster und Holler, mit alten Obstbäumen, großen Faulbäumen, Birken, Eschen, mit einer Laube mit wildem Wein, einer Spielwiese und einem Blumenbeet«, war die Luft erfüllt von Musik.

Da drangen aus dem Lokal drüben Soldatenlieder und Blasmusik, und aus den Gartenwirtschaften längs der Straße wehte der Wind Geigen-, Zither- und Harmonikaklänge her. Und abends, wenn Carl im Bett lag, und die Mutter das Schlafzimmerfenster geöffnet hatte, war Punkt neun Uhr drüben vom Kasernenhof der Trompeter mit dem Zapfenstreich zu hören.

Aber der Kleine wollte nicht nur von Musik umgeben sein, er wollte auch selbst Musik machen. Als Kleinkind hatte er andächtig unterm Klavier gesessen und zugehört, wenn die Mutter spielte. Aber bald schon verspürte Carl

Lust, mitzumusizieren. Das äußerte sich zunächst einmal darin, daß er »mit dem Holzfuß« seines »Wurschtls« – des hölzernen Kasperls – im »Takt auf den Boden« schlug.

Aber wenig später schon wollte er unbedingt auf dem Klavier mitspielen. Die Mutter, die sich über das frühe musikalische Interesse ihres Söhnchens freute, ahnte noch nicht, was da auf sie zukam. Das hohe Kinderstühlchen wurde also an das Klavier gerückt, damit der Dreikäsehoch auch richtig mitmachen konnte. Aber zum Entsetzen der Mutter schlug Carl »mit beiden Fäusten« auf die Tasten und »schrie dabei vor Vergnügen«.

Als Carl zwei Jahre alt war, kletterte er, wenn niemand im Zimmer war, auf den Klavierhocker und schlug die Tasten an. Hatte er eine Tonfolge gefunden, die ihm gefiel, wiederholte er sie unermüdlich, mal laut, mal leise, und dann lauschte er und versuchte, die einzelnen Töne nachzusingen. Manchmal sagte der kleine Kerl dazu auch Verschen und Kinderreime auf.

Doch bald war Carl alles, was er da mit seinen kleinen Fingern auf dem Klavier produzieren konnte, nicht majestätisch und laut genug. Er rutschte vom Klavierhocker, wakkelte hinaus in die Küche, schnappte sich einen großen Fleischklopfer und kehrte zum Klavier zurück. Dann schlug er mit seinem neuen Schlaginstrument auf die Tasten ein. Die Mutter stürzte ins Zimmer und entriß mit einem Aufschrei dem kleinen Musikus den Fleischklopfer, klappte ärgerlich den Klavierdeckel zu und schloß das Instrument ab. Damit war für Carl das erste Kapitel seiner frühen musikalischen Gehversuche beendet.

Zwar hatten die Eltern dem Bub vorerst einmal die Welt des Klaviers verschlossen, ihnen war aber klar, daß man ein musikinteressiertes Kind fördern müsse. Und wenn sich Carl in der Musik erst einmal austoben wollte, so war kein Instrument besser dazu geeignet als die Trommel.

Anfangs machte es dem kleinen Kerl auch riesigen Spaß, kräftig mit den Schlegeln auf das Trommelfell zu hauen. Auch durfte er manchmal zu Mutters Klavierspiel den Takt schlagen. Schnell hatte er heraus, wie effektvoll die Trommel eingesetzt werden konnte, und so »erzählte er zum Trommeln selbsterfundene Geschichten oder sang dazu alte Trommellieder oder Trommelreime mit eigener Melodie«. Damit erreichte er eine große dramatische Wirkung. Doch bald fand Carl das Trommeln zu eintönig. Er hätte nun lieber Melodien gespielt. Und so brachte ihm der Vater eines Tages ein schön verschnürtes Paket mit nach Hause. Als es Carl aufgeknotet hatte, fand er darin eine Blechtrompete mit richtigen Klappen dran. Die mußte er sofort ausprobieren!

Bald schon konnte Carl kleine Melodien darauf spielen, aber so rechte Freude fand er nicht dabei, weil die Trompete nicht »singen« konnte.

Nun schenkten ihm die Eltern auch noch ein Glockenspiel. Das war jetzt genau das richtige für den Jungen. Er saß auf dem Fußboden und »spielte ganz leise, wie die Engel im Himmel tanzen«.

Wenig später erhielt Carl noch eine Mundharmonika, ein Instrument, bei dem er sich kleine Geschichten dazuträumen konnte.

Inzwischen war Carl vernünftiger geworden, und so brauchte das Klavier nicht mehr verschlossen zu werden, vor allem, nachdem er hoch und heilig versprochen hatte, »nie mehr mit dem Fleischklopfer die Tasten zu traktieren.«

Eines Tages machte der Bub eine tolle Entdeckung!

Er war bei den Großeltern Orff zu Besuch, die in einem stattlichen Haus in der Münchner Innenstadt wohnten. Die Wohnung war geräumig und weitläufig mit hohen Zimmern und vielen Fenstern. Aber da gab es auch dunkle Winkel und Ecken, wo man wunderbar spielen konnte, unsichtbare Tapetentüren und hohe geheimnisvolle Schränke, in denen Carl immer wieder interessantes Spielzeug aus Großvaters Kindheit fand. Da stieß Carl beim Herumstöbern auf einen seltsamen Kasten. Wie er ihn auch drehte und wendete, er konnte nicht dahinterkommen, was es mit ihm auf sich hatte. Er klopfte an Großvaters Studierstube, um ihn nach dem Geheimnis des rätselhaften Fundes zu fragen.

Der große stattliche Mann saß am Schreibtisch in eine dicke Zigarrenrauchwolke gehüllt und arbeitete.

Erst als der Junge ihn anstupfte und fragte: »Großvater, was ist das für ein komischer Kasten?« wandte er sich Carl zu und antwortete: »Das ist eine Zauberlaterne, eine sogenannte Laterna magica. Sieh mal.«

Liebevoll erklärte er seinem Enkel nun, wie der seltsame Apparat zu seiner großen Wirkung kommt, und als er die Zauberlaterne von hinten beleuchtete, war Carl völlig sprachlos. Er konnte von diesem Schauspiel nicht genug bekommen.

Großvater und Enkel mochten sich sehr. Der Großvater genoß das wache Interesse des Buben und nahm ihn zu vielen kleinen Unternehmungen mit.

»Unvergeßlich«, erzählt Carl Orff später, »wenn ich mit ihm an den Kartagen in der verdunkelten Michaelskirche die Bußpsalmen von Orlandus Lassus hören durfte oder er mir die Residenz zeigte, zu der er überall Zutritt hatte, weil er als ehemaliger Generalmajor und späterer Wissenschaftler eine anerkannte Persönlichkeit war.«

Zu Großvaters siebzigstem Geburtstag hatte sich Carl eine Überraschung ausgedacht.

»Mutter«, sagte er kurz zuvor, »ich will dem Großvater ein richtiges Gedicht machen, hilfst du mir?«

Da setzten sich die beiden hin, Mutter überlegte sich einen Text und Carl setzte ihn in Reime. Wie oft mußte das Gedicht wiederholt werden, bis er es auswendig aufsagen konnte, immerhin hatte es drei Strophen.

Am Geburtstag war Carl furchtbar aufgeregt, denn es waren so viele fremde Leute anwesend, die er gar nicht kannte.

»Als ich vor dem Großvater stand«, erzählt Carl Orff, »hatte ich mein Gedicht völlig vergessen und brachte kein

Wort heraus. Ich hätte weinen können, aber weinen vor dem Großvater, das wollte ich nicht. So packte ich seine beiden Hosenbeine und schüttelte sie mit aller Kraft wie einen Zwetschgenbaum. Nun lachten alle sehr, mein Großvater aber lachte nicht, sondern beugte sich zu mir herunter und sagte: ›Ich danke dir, ich habe gut verstanden, was du sagen wolltest.‹«

Carls musikalische Entwicklung konnte Großvater Orff leider nicht mehr miterleben. Er starb schon 1905.

Dafür nahm der Vater seiner Mutter, Großvater Koestler, lebhaften Anteil an der musikalischen Entwicklung seines Enkels. Er war ein großer Musikliebhaber und spielte auch selbst Klavier. Kein Wunder, daß auch im Hause Koestler viel musiziert wurde.

Am meisten Spaß machte es Carl, wenn im Familienkreis eine richtige Oper aufgeführt wurde. Hatte der Großvater irgendwo die Noten eines leicht singbaren Bühnenwerkes aufgetrieben, wurden daheim die Rollen verteilt, und jeder, der einigermaßen singen konnte, mußte mittun.

Aber nicht nur in der Familie sorgte Großvater Koestler für musikalische Betätigung. Mit Freunden hatte er einen nicht unbedeutenden Orchesterverein gegründet: »Die Wilde Gungl«.

Als kleiner Junge besuchte Carl die Großeltern Koestler oft. Sie wohnten in der Damenstiftstraße, in einem schmalen, dreifenstrigen, bürgerlichen Wohnhaus. An lauen Sommerabenden durfte der Bub oft mit dem Großvater hinaufsteigen auf den Dachgarten. Ringsum wuchsen in großen Kübeln lila und weiße Fliederbäume, die abends besonders gut dufteten. Die beiden lehnten sich ans Eisengeländer und schauten über die Stadt mit ihren Dächern und Türmen.

Besonders liebte Carl die »abendlichen Spaziergänge durch die Münchner Stadt mit ihren altehrwürdigen Bauten, stillen Plätzen, Durchhäusern, Torbogen, Gärten und Gassen«. Immer wußte der Großvater Geschichten und Sagen zu erzählen, an denen die alte Stadt so reich war.

Als Carl vier Jahre alt war, durfte er mit dem Vater auf die Wies'n, das große Münchner Volksfest. Was es da alles zu sehen und zu entdecken gab: Karussell und Schießbuden, Riesenrad und Geisterbahn. Und da vorn, wo sich so viele Leute drängten und lachten, da mußte etwas Besonderes los sein, dort mußte er hin. Und er zog den Vater hastig mit sich fort. Und jetzt konnte er es genau sehen: ein Kasperltheater!

Der kleine Carl drängelt sich durch die Menschenmasse nach vorn, um ganz aus der Nähe verfolgen zu können, wie

Kasperltheater um 1890

der Kasperl dem Krokodil mit der Nudelrolle der Großmutter eins über die Rübe haut. Schließlich steht der kleine Kerl regungslos da und vergißt alles um sich her. Die Welt des Kasperls Larifari wird für ihn aufregende Wirklichkeit. Er leidet und lacht mit der Großmutter, dem Krokodil, den Räubern Fangauf und Schnapper und kämpft mit dem Teufel.

Als sich die Zuschauer schon längst zerstreut haben, steht Carl immer noch wie gebannt, und der Vater muß ihn am Arm nehmen und wieder in den Alltag zurückbringen.

Daheim angekommen, rennt Carl ins Wohnzimmer, umarmt die Mutter und bettelt: »Kannst du mir ein bißchen alten Stoff geben und ein paar Kartoffeln? Ich will mir Kasperlpuppen machen und ein lustiges Stück spielen, wie das auf der Wies'n.«

Carl hatte die Wunderwelt des Theaters entdeckt, eine Welt, die ihn zeit seines Lebens nicht mehr loslassen sollte. Wie viele Stücke hat doch Carl Orff später für die Bühne geschrieben!

Schon der Vierjährige konnte im Kasperltheater seinen phantasievollen Vorstellungen Ausdruck verleihen. Am meisten liebte er natürlich den Kasperl, der alles sagen und tun durfte, was er selbst gern getan hätte, aber nicht wagte.

Zu Weihnachten bauten die Eltern für Carl ein richtiges Kasperltheater, und der kleine Kerl war überglücklich, als er die buntbemalte Kasperlbühne unterm Weihnachtsbaum fand.

»Ich spiele euch gleich etwas vor«, rief er aufgeregt und bereitete in Windeseile sein kleines Theaterspiel vor. Schon war er hinter der Bühne verschwunden, und los ging's.

Die ganzen Weihnachtstage müssen sich die Eltern selbst ausgedachte Kasperlgeschichten anhören. Carl kann nicht genug davon bekommen.

Wenn Carl zur Weihnachtszeit mit den Eltern zur Kirche ging, war er jedesmal von den wunderschönen Weihnachtskrippen mit ihren kunstvollen Figuren überwältigt. Am meisten beeindruckten ihn die Heiligen Drei Könige, denn sie schritten mit Elefanten, Kamelen und Sänften zwischen den Zelten daher.

Da dauerte es nicht lange, bis Carl mit dem Vater auf dem Münchner Kripperlmarkt, der sogenannten Weihnachtsdult, Figuren einkaufte und selbst eine Weihnachtskrippe baute. Dabei beschäftigten ihn die Heiligen Drei Könige weit mehr als das eigentliche Weihnachtsgeschehen.

Da sah man beim »Zug der Könige über die Berge gefahrvolle halsbrecherische Stege über den Abgrund, über die der ganze Troß mit Elefanten und Pferden hinwegzog« und »Wassertümpel, die von Spiegeln vorgetäuscht und Höhlen, die von innen mit Lichtern hinter blauem Glas beleuchtet waren«.

An einem anderen Weihnachtsfest konnten die Eltern das »Nächtliche Lager der Könige in der Wüste« bewundern.

»Da gab es«, erzählt Orff, »nur Sand, mit vertrockneten und verkrüppelten Bäumen, eine Oase mit Palmen und Brunnen, mit Kamelen und bunten Zelten und Schakalen in der Ferne. Durch viele Lagerfeuer versuchte ich, Schattenwirkungen zu erzielen. Deshalb zeigte ich meine Aufstellung nur im verdunkelten Zimmer. Auch die einsame Flucht nach Ägypten reizte meine Phantasie. Um große Weite vorzutäuschen, kaufte ich mir ganz kleine Figuren, Maria mit dem Kind auf dem Esel und Joseph. Sie kamen von weit hinten an einer riesigen Pyramide vorbei, die ich aus Steinen meines Baukastens aufstellte, nachdem ich Verwitterungen drauf gemalt hatte. Auch Räuber mit Schießgewehren und wilde Tiere lauerten im Hintergrund. Mit solchen Aufbauten verbrachte ich viele Tage und spielte Theater, ohne zu wissen, daß ich es tat.«

Auch die alljährlichen Osterfeierlichkeiten hinterließen bei Carl einen starken Eindruck. Was sich da in der Kirche abspielte, war eine Mischung aus schauerlich geheimnisvollen und überwältigend großartigen Zeremonien.

»In den ganz verdunkelten Kirchen lag da in einer Tuffsteingrotte, dem Grab, die Gestalt Christi. Große farbige Glaskugeln, mit Wasser gefüllt, hinter denen Öllampen brannten, warfen einen seltsamen, flackernden Schein. Über dem Grab war der Ölberg aufgebaut, im Hintergrund Jerusalem als gotische Stadt mit dem Tempel Salomons. Wenn dann am Karsamstag bei der Auferstehungsfeier Christus sichtbar himmelwärts fuhr und gleichzeitig an allen Kirchenfenstern mit dem Einsatz der vollen Orgel, der Trompeten und Pauken und des Chors ›Christ ist erstanden‹ die Verdunkelungsvorhänge fielen, so konnte dies das kindliche Gemüt jeden Alters wohl beeindrucken.«

Und dann gab es noch die großen Paraden und andere feierliche Anlässe, denen der Vater als Offizier beizuwohnen hatte, die die Phantasie des Jungen beflügelten.

Am meisten freute es Carl, wenn ihn der Vater zu den Festgottesdiensten der Garnison in die Michaelskirche mitnahm. Jedesmal schaffte es der Vater, seinen Sohn auf den Chor zu schmuggeln. Das war zwar verboten, aber hier oben spielte sich ja schließlich das Spektakel ab, das Carl so faszinierte: »Auf allen Emporen spielten die verschiedenen Musikkorps gleichzeitig. Bei der Wandlung setzte ein Fortissimowirbel auf hundert Trommeln ein, dazu ein mächtiger Bläserakkord, und die Artillerie auf dem nahen Marsfeld schoß mit Kanonen Salut.«

Kurz nach Carls fünftem Geburtstag erhielt der Junge Klavierunterricht von der Mutter. Das Notenbild erfaßte der Bub schnell, und die kleinen Spielstücke machten ihm viel Spaß. Aber Fingerübungen und solchen Kram haßte er wie jedes andere Kind. Wenn er die üben sollte, schweifte er ab und spielte kleine Melodien, die ihm gerade in den Sinn kamen.

Bald hatte Carl das Bedürfnis, seine kleinen selbsterfundenen Kompositionen auch zu notieren. Die Mutter zog auf einer Schiefertafel mit Kreide fünf Notenlinien, und dann durfte er seine musikalischen Gedanken in Noten malen.

Das erste Stück war ein kleines Wiegenlied. Und das mußte natürlich auch schon ein Vorzeichen haben. Darunter hatte der Knirps seinen eigenen Text gekritzelt.

Als Carl der Mutter dieses Lied vortrug, schüttelte er unwillig den Kopf. Er war mit seinem Werk nicht zufrieden. Hurtig notierte die Mutter noch einige Baßnoten hinzu. Nun klang das Ganze schon bedeutend besser. Carl war begeistert. Eine neue Welt öffnete sich für ihn. Es war möglich, Musik, die man innerlich hörte, aufzuschreiben. Auf diese Weise ging seine Komposition nie wieder verloren.

Nun hatte Carl täglich neue Melodien im Kopf, und die Mutter half dem Jungen mit viel Geduld beim Aufschreiben. Aber schon bald saß der kleine Komponist allein am Klavier und füllte mit seinen musikalischen Ideen Notenblatt um Notenblatt.

Wenig später entschlossen sich die Eltern, die weitere musikalische Erziehung ihres Jungen in die Hand eines anderen Klavierlehrers zu legen. Die Mutter war mit ihrem Sohn einfach zu nachsichtig und ließ ihn viel zu viel improvisieren, statt auch wirklich mit ihm zu üben.

Die Schule, die Carl inzwischen besuchte, hatte für ihn überhaupt keine Bedeutung. Der Sechsjährige langweilte sich schrecklich, weil er Lesen und Schreiben schon daheim gelernt hatte. Und auch mit seinen Mitschülern konnte er nicht viel anfangen, weil sie seine Interessen nicht teilten.

Ihn beschäftigten ausschließlich Musik und Theater, im Augenblick das Marionettentheater, das er kurz zuvor mit den Eltern besucht hatte. Das war ja noch ganz etwas anderes als das Kasperltheater auf der Wies'n! Wenn sich hier der Vorhang hob, war man sofort durch die bunten Dekorationen in eine andere Welt versetzt. Man befand sich in einem prunkvollen Königssaal oder einem Park mit zwitschernden Vögeln und plätschernden Brunnen. Die Figuren trugen farbenprächtige Kostüme. Und wie oft wechselte die Beleuchtung!

Wann immer es ging, war Carl jetzt mit den Eltern in

»Papa Schmids Marionettentheater«, einem Theater, das es übrigens heute noch in München in der Blumenstraße gibt. Dort spielte man damals hauptsächlich Puppenkomödien des berühmten Münchner Grafen Franz von Pocci.

Sonntags machten die Eltern mit Carl und seiner drei Jahre jüngeren Schwester Mia oft lange Spaziergänge, mitunter bis zum Nymphenburger Schloß. Das waren immer unbeschwerte und heitere Stunden, denn die Mutter hatte einen »überlegenen Humor« und »treffenden Witz«, und mit Mia konnte man wunderbar herumtoben. Sie machte alles mit, was der große Bruder vorschlug.

Zum engeren Familienkreis der Orffs gehörte auch noch Fanny, der gute Hausgeist. Mit neunzehn Jahren war sie ins Haus gekommen und blieb der Familie 25 Jahre treu. Die Kinder liebten Fanny, weil sie so natürlich und offen war. Oft schlichen Carl und Mia schon am Vormittag in die Küche. Auch wenn Fanny keine Zeit hatte, brachte sie es immer irgendwie fertig, sich zwischen Kochtopf und Staubtuch mit den Kindern zu beschäftigen. Sie zeigte ihnen Kräuter und Wurzeln, die das Essen schmackhaft machten und Krankheiten und Schmerzen vertrieben. Fanny zerrieb die Kräuter zwischen den Fingern, roch daran und wußte dann immer eine geheimnisvolle Geschichte zu erzählen.

Carl hörte Fanny nicht nur gerne zu, weil sie spannend erzählen konnte, sondern auch, weil ihm ihre Sprache so gut gefiel. Er mochte ihren Dialekt so sehr, daß er versuchte, ihn aufzuschreiben, was schwerer war, als er dachte.

Jedesmal, wenn Fanny ihre Geschichte zu Ende erzählt hatte, lachte sie und sagte: »In dein Ginniasium kannst des alls net derlernen, gell, Goggolori?«

Goggolori war ihr zärtlicher Spitzname für Carl. Und Mia nannte sie »Schätterhex«.

Abends, wenn die Kinder noch nicht schlafen wollten, setzte sich Fanny an ihr Bett und erzählte ihnen zum Beispiel von den spannenden Abenteuern der bayerischen Volkshelden. Wenn sie dabei ins Fabulieren kam, gebrauchte sie recht deftige Ausdrücke. Merkte sie es, sagte sie schnell: »Sagts so was nur ja net im Wohnzimmer drin, sonst verzähl i euch nix mehr.«

Die Ferien verbrachten die Orffs seit Carls drittem Geburtstag auf dem Lande, in Unteralting, einem kleinen Dörfchen in der Nähe des Ammersees. Sie wohnten im ersten Stock eines gemütlichen Landhauses, das einer alten Bauernwitwe gehörte. Es wurde Carls zweite Heimat.

Er kletterte auf den hundertjährigen Birnbaum oder spielte mit Mia im verwilderten Garten hinter dem Haus. Mit den Bauernbuben stöberte er auf staubigen Heuböden herum und half beim Füttern der Tiere. Er machte bei der Kartoffelernte mit und saß abends mit den anderen am lodernden Kartoffelfeuer und röstete die frischen Erdäpfel in der glimmenden Glut.

Auf die Ferien freute sich die ganze Familie, denn in Unteralting fühlten sich alle frei und ungebunden. Als das Landhaus 1906 zum Verkauf stand, erwarben es die Eltern für sich. Nun wurden nicht nur die Sommerferien hier verbracht, jetzt fuhr man jedes Wochenende und an sämtlichen Feiertagen nach Unteralting hinaus, denn für Vater und Sohn gab es jetzt dort eine Menge zu tun.

Da sollte aus dem verwilderten Garten etwas Rechtes gemacht werden. So mußten Wege gebaut, Zäune gezogen, Unkraut gerodet, Sträucher gesetzt und Mäuerchen errichtet werden. Das war nicht einfach, weil das Grundstück an einem Hang lag. Carl war mit Feuereifer bei der Arbeit, denn er liebte diesen herrlichen Garten mit seinen bemoosten Sitzbänken und verwunschenen Lauben. Der Vater hatte sogar für die Kinder eine richtige kleine Almhütte gebaut zum Toben und Wohnen. Und hoch oben im Birnbaum gab es einen Hochsitz. Von diesem »Luginsland« konnte man weit übers Land schauen, hinüber zum Ammersee und zu den Schneegipfeln der Alpen.

Der Ammersee war für Carl überhaupt der Inbegriff von Ferien und Erholung. Mit baden, sonnen, im Boot liegen, nachsinnen und ausdenken verbrachte er Stunden und Tage.

Dann spazierte er auch oft hinüber zur alten, baufälligen Hütte des Gemeindehüters. Der erzählte wunderliche Geschichten und seltsame Sagen von Männlein und Feen, Hexen und Geistern, die in den Seen und Mooren, Gräbern und überwucherten Burggemäuern hausten.

Carl wollte die Orte kennenlernen, an denen diese Geschichten spielten und wo diese Geistergestalten beheimatet waren. So unternahm er so manchen Streifzug in die nähere Umgebung. An allem, was er sah, entzündete sich seine Phantasie. Da war die »romantische Amperschlucht mit dem großen heidnischen Opferstein, die Hünengräber, die verwachsenen Römerkastelle, die Gletschermühle« – tiefe, von den Gletscherwassern gehöhlte Wasserlöcher – »die schauerlichen kleinen Moore und die von Moos und Farn überwucherten Findlinge«. Überall erzählten die Steine von längst vergangenen Zeiten und Geschehnissen.

Mit Musik freilich beschäftigte sich Carl in Unteralting kaum. Hin und wieder übte er auf der Orgel in der Dorfkirche.

München blieb es überlassen, künstlerische Eindrücke zu vermitteln. Dort besuchte die Mutter mit Carl die erste richtige Theatervorstellung, in der nicht Puppen, sondern lebendige Schauspieler mitwirkten. Sie wählte dazu eine weihnachtliche Märchenvorstellung im Gärtnerplatz-Theater. Aber das dem Jungen seit langem vertraute Märchen wurde so »sentimental und unkindlich« gespielt, daß Mutter und Sohn tiefenttäuscht das Theater verließen.

Carls erster Konzertbesuch hingegen wurde ein voller Erfolg. Seine Eltern hatten ihn zu einem Orchesterkonzert der »Wilden Gungl« mitgenommen, Konzerte, bei denen die Familie Orff nie fehlte. Schließlich hatte ja Großvater Koestler dieses Orchester mitbegründet.

Carl hörte zum ersten Mal Mozarts ›Kleine Nachtmusik‹ mit einem richtigen Orchester; Schallplatten und Rundfunk gab es zu dieser Zeit noch nicht, wenn man Orchester

Carl Orff, neun Jahre alt

musik hören wollte, mußte man schon ein Konzert besuchen. Nach der Pause stand ein Werk von Beethoven auf dem Programm. Carl beobachtete, wie sich das Orchesterpodium mit immer mehr Musikanten füllte. Für Mozarts Komposition hatte man nur eine Kammerbesetzung gebraucht, jetzt kamen Hörner, Oboen, Klarinetten und Pauken hinzu. Das klang freilich ganz anders, als wenn die Eltern zu Hause das Stück vierhändig auf dem Klavier spielten!

Carl war von nun an auf Beethovens Musik geradezu versessen und besuchte viele Konzerte dieses Komponisten. Und wenn bei Vaters Streichquartettabenden die Beethoven-Sinfonien in einer Bearbeitung für Streichquartett und vierhändiges Klavierspiel auf dem Programm standen, übernahm er mit der Mutter den Klavierpart.

Aber Carls phantasievolle Ideen äußerten sich auch auf anderen Gebieten. ›Carl Orffs 100 Erzählungen‹ stand eines Tages auf einem dicken Schreibheft. Und dann begann Carl seine erste Erzählung hineinzuschreiben. Weiter als bis zur zweiten kam er allerdings nicht, denn schon beschäftigte ihn wieder etwas anderes: er machte Gedichte, die er mit gestochener Schrift in ein ›Album für Poesie‹ eintrug.

Natürlich versuchte Carl auch einen Roman zu schreiben. Die Handlung wurde jedoch so verwickelt, daß der junge Autor aus dem Handlungsgewirr nicht mehr herausfand und zu schreiben aufhörte.

Außerdem hatte Carl wieder etwas entdeckt, was seine Zeit und seine Gedanken voll und ganz in Anspruch nahm. Kurz vor seinem zehnten Geburtstag stöberte er mit der Mutter auf Großvaters Speicher. Zwischen geheimnisvollem, verstaubtem Gerümpel stieß er auf seltsame Holzteile, mit farbigen Figuren bemalt. Waren das etwa Teile eines richtigen Figurentheaters, die er da in der Hand hielt?

Tatsächlich, es war ein richtiges Miniaturtheater, mit Prospekt und Vorhang, Kulissen, Hintergrund und vielen auswechselbaren Dekorationen. Die vom Großvater dafür gebastelten und bemalten Figuren waren zwar fast alle nicht mehr aufzufinden. Aber schließlich gab es ja bunte Bilderbogen zu kaufen, aus denen man die nötigen Figuren ausschneiden konnte. Schade nur, daß sie sich nicht bewegen ließen. Für sie mußte Carl sich ganz anders geartete Stücke einfallen lassen, als er sie im Marionettentheater gesehen hatte.

Die Spannung der Handlung mußte vom äußeren Geschehen erzeugt werden. Sturm, ziehende Wolken, und natürlich Geräusche und Musik wurden zum großen Bühnenzauber und zu Hauptaktionen.

Carl brauchte dazu eine kleine Theatergruppe und Helfer hinter der Bühne. Mia wurde Carls wichtigste Stütze. Auch fanden sich noch zwei Jungen aus der Nachbarschaft, die wichtige Szenen mit Geige und Zither musikalisch untermalten.

Zur Premiere des ersten Stückes ›Zauberwald‹ waren Eltern, Verwandte und Bekannte eingeladen. Die vier Spieler hinter der Bühne waren mächtig aufgeregt, denn es gab viel zu bedenken: Die Figuren von Hänsel und Gretel müssen geführt werden. Es wird Nacht. »Schwarze Vögel fliegen durch die Luft, Eulen schreien. Dann beginnt fernes Blitzen und Donnern, und bald ist ein richtiges Gewitter im Gange. Durch die bewegten Gewitterwolken fliegen nun Hexen, (die Knusperhexe auf dem Besen reitend, in vielen Exemplaren), sie führen während des Unwetters bei unentwegtem Blitzen mit der elektrischen Taschenlampe einen wilden Tanz auf, mit Peitschenknallen, Geschrei, Donner auf dem Ofenblech und Rasseln (Erbsen und Kastanien in irdenen Töpfen geschüttelt). Da erscheint mit viel Tremolo auf dem Klavier, in feuerrotem Licht, der Teufel. Es wird ein Hexensabbat mit Feuerwerk, Rauch und Aschenschlangen.«

Carls Mutter hatte während der Aufführung so manches liebe Mal zum Vater hinübergeschaut, denn da vorne wurde nach Herzenslust gezündelt, um flackerndes Licht, Gewitter, Feuerwerk, Rauch und Ascheregen wirkungsvoll darzustellen.

Vom Figurentheater zum Selberspielen war es jetzt nur noch ein Schritt. Carl entwarf bald effektvolle Szenen und übte sie mit Mia und Schulfreunden ein.

Aber Carls Interessen gingen auch noch über das Theater hinaus: Mit gespartem Straßenbahngeld für den Schulweg kaufte er Reclam-Hefte und baute sich damit eine kleine Bibliothek auf. Denn was den wißbegierigen Jungen wirklich interessierte, wurde im Unterricht kaum gelehrt. So informiert er sich selbst über moderne Literatur, eignet sich naturwissenschaftliche Kenntnisse an, und was die Musik betrifft, da kann ihm die Schule gar nichts mehr bieten. So bleibt Carl nichts anderes übrig, als sich selbst den Lehrstoff interessant zu gestalten. Er entwirft eine ›Romantische Botanik‹, in der er die verschiedenen Pflanzen anschaulich beschreibt. Sein Wissen über ihr Aussehen, ihren Standort und ihre Merkmale holt er sich aus der Bibliothek des Vaters. Er wälzt Biologiebücher, aber auch Märchen- und Kräuterbücher, um auch Heil- und Zauberkräfte der Pflanzen, ihre Bedeutung in Religion und alten Bräuchen zu erforschen. Natürlich liefern ihm Fanny und der Gemeindehüter am Ammersee viel brauchbaren Stoff dafür.

Die alten Sprachen Latein und Griechisch allerdings interessieren ihn auch in der Schule. Aber es ist hauptsächlich die Sprachmelodie, die den Jungen fasziniert, und so sieht man ihn oft daheim in einer Ecke sitzen und hört ihn mit lauter Stimme aus den Götter- und Heldensagen der Antike deklamieren. Später verwendet Carl Orff in seinen Werken viele Themen aus der griechischen Mythologie.

Am Wittelsbacher-Gymnasium, in das Carl zwei Jahre später überwechselt, wird das Fach Musik intensiver gepflegt. Hier übernimmt der junge Orff im Schulchor mit seiner klaren Sopranstimme die Solopartien. Das Orchester begleitet er mit Orgel, Klavier oder Harmonium. Daneben versucht sich der Zwölfjährige an Cello und Pauke.

Sonntags singt Carl im Kirchenchor. Das Musizieren in

der Gemeinschaft macht ihm Spaß. Daheim werden nach dem Klavierauszug Opernpartien gesungen. Mutter muß ihn am Klavier begleiten. Mozart-Arien haben es Carl besonders angetan. Die Duette singt er mit der Mutter zusammen. Ist es bei soviel Interesse für den Gesang verwunderlich, daß Carl endlich einmal eine richtige Oper, die ideale Verbindung von Musik und Theater, besuchen möchte? Er ist schon 14 Jahre alt, als ihn die Eltern mit in den ›Fliegenden Holländer‹ von Richard Wagner nehmen.

Nichts zuvor hatte den Jungen so überwältigt wie diese Oper. »Der Eindruck war so stark«, schreibt Carl Orff in seinen Erinnerungen, »daß ich tagelang nichts mehr reden wollte, kaum mehr gegessen habe und nur meinen Phantasien nachhing oder am Klavier mich austobte.«

Der Junge war überhaupt nicht mehr ansprechbar, und die Eltern hatten Angst, er würde krank werden.

In dieser schwierigen Lage wandte die Mutter ein probates Heilmittel an. Sie schenkte ihrem Sohn den Klavierauszug des ›Fliegenden Holländers‹ und besuchte mit ihm noch einmal die gleiche Oper. Auf diese Weise ermöglichte sie dem 14jährigen, diese schwierige Musik aufzuarbeiten und besser zu bewältigen.

Carls Hunger nach Musik wurde unermeßlich. Insbesondere hatte es ihm das Musiktheater angetan. Er durfte nun alle wichtigen Opern besuchen. Die Eltern versorgten ihn mit Partituren, mit denen er während der Aufführung die Musik verfolgen konnte. Da blieb natürlich nur noch wenig Zeit für andere Dinge. Das Gymnasium wurde so für Carl ganz und gar unwichtig. Die Leistungen ließen nach. Der Gedanke, täglich mehrere Stunden sinnlos in der Schule verbringen zu müssen, wurde für ihn so unerträglich, daß er davon krank wurde und längere Zeit der Schule fernbleiben mußte.

Eines Tages erklärt Carl seinen Eltern, daß Schule und Abitur für ihn unwichtig seien. Er wolle sich auf die Akademie der Tonkunst vorbereiten.

Der Vater ist fassungslos. Es kommt zu einer handfesten Auseinandersetzung. Schließlich ruft der herbeigeeilte Onkel entrüstet aus: »Ein Orff, der kein Abitur hat, nicht auf der Universität zugelassen wird und keinen Doktor machen kann, ist kein Orff!«

Carl erwidert wütend: »Ich kriege den Doktor ehrenhalber sowieso, genau wie mein Großvater!« Und damit hatte er recht, wie sich später zeigte.

Welch ein Glück, daß die Mutter seine Verbündete ist. Warum auch sollte ein für Musik so außerordentlich begabter Junge mit für ihn unwichtigen Schulfächern gequält werden?

So verläßt Carl ein dreiviertel Jahr später mit der Mittleren Reife die Schule. Nun ist er frei! Der 16jährige kann sich ausschließlich dem Komponieren widmen. In kurzer Zeit entstehen über 50 Lieder und mehrere Werke für Orgel.

Im gleichen Jahr, 1911, wird seine erste Komposition gedruckt. Es ist ein Zyklus, eine Folge von zehn Liedern, die Carl innerhalb von sieben Tagen niedergeschrieben hat. Zum Druck dieses Werkes ›Eliland – ein Sang vom Chiemsee‹, Opus 12 für mittlere Singstimme und Klavier, hat Großvater Koestler einen Druckkostenzuschuß beigesteuert, so begeistert war er von der Komposition.

Der Vater, der sehr stolz auf die erste Veröffentlichung seines Sohnes ist, läßt Carl nun richtigen Kompositionsunterricht erteilen. Bisher hatte der Junge sich ja alles selbst angeeignet. Die Eltern schicken ihn zu August Haindl, einem Freund des Vaters, der sich als Kammermusiker, Bratschist des Hoforchesters und Dirigent der »Wilden Gungl« in München einen Namen gemacht hatte.

Nun war Haindl zwar ein kunstbegabter Mensch, aber Wissen vermitteln, das war nicht seine Sache. Carl konnte mit dem, was ihm sein Lehrer beibrachte, überhaupt nichts anfangen. So ist der Sechzehnjährige wieder auf sich selbst angewiesen.

Ein Jahr später legt Carl die Aufnahmeprüfung in der Akademie für Tonkunst mit Erfolg ab. Aber es fällt dem jungen Musiker auch hier schwer, Fuß zu fassen. Er hat so lange »auf freier Wildbahn« seine eigenen originellen Ideen verwirklicht und Pläne entwickelt, als daß ihm die enge, altväterliche Atmosphäre der Akademie schmecken könnte.

Eines Tages schlendert Carl durch die Münchner Innenstadt. Da entdeckt er im Schaufenster eines Musikgeschäftes Partituren von Werken Claude Debussys. Von diesem modernen französischen Komponisten kennt er die ›Nocturnes‹, die ihn kürzlich im Konzertsaal so beeindruckt hatten. Carl kauft die Noten, stürzt nach Hause, »studiert tagelang diese Partituren und spielt sie am Klavier«.

Er ist überwältigt von dieser noch »nie gehörten, faszinierenden Klangwelt«. Das war genau die Musik, die ihm vorschwebte und die er selbst gern gemacht hätte.

Am liebsten wäre er in den Zug gestiegen, um in Paris bei Debussy in die Lehre zu gehen. Aber das hätten seine Eltern natürlich nie erlaubt. So bleibt ihm nichts anderes übrig, als sich alles zu beschaffen, was er an Material über den französischen Komponisten bekommen kann.

Debussy verwendet in seinen Werken oft fernöstliche Klänge, die Carl sehr beeindrucken. So sieht man ihn jetzt häufig im Münchner Völkerkundemuseum, wo er sich die exotischen Instrumente aus Asien anschaut und sich mit ihnen beschäftigt. Besonders interessieren ihn die Messinggeräte und Bronzegongs aus Indonesien.

»Ich erinnere mich«, erzählt Carl Orff später, »wie ich einen leisen Schauer erlebte, als ich ganz vorsichtig einen großen Gong anschlug. Unbewußt fühlte ich, daß in diesem Instrument noch eine Klangwelt schlief, die für mich einmal von großer Bedeutung werden sollte.«

Und was ist weiter aus Carl Orff geworden?

Obwohl Carl Orff 1914 offiziell sein Studium an der Akademie beendet, studiert er nach einer kurzen Erholungspause weiter. Um sein Klavierspiel zu vervollkommnen, nimmt er Unterricht bei Hermann Zilcher, der gerade für das Münchner Schauspielhaus eine Bühnenmusik schreibt. Als Zilcher erkrankt und sein Stück bei der Aufführung nicht selbst dirigieren kann, springt Carl Orff für ihn ein. Der 21jährige macht seine Sache so gut, daß man ihn auf der Stelle als Kapellmeister verpflichtet.

»Tag für Tag war ich im Theater, hielt Proben mit Klavier und Orchester, soufflierte und beleuchtete, und wenn Not am Mann war, half ich auch beim Umbau der Szene«, erinnert sich Carl Orff später.

1917 zieht man den 22jährigen zum Kriegsdienst ein. In Rußland wird er bei einem heftigen Artilleriebeschuß im Unterstand verschüttet, bewußtlos geborgen, in ein Feldlazarett eingeliefert und schließlich als »nicht mehr kriegsverwendungsfähig« nach Hause entlassen.

Im Sommer 1918 hat Orff die Folgen der Verschüttung – schwere Sprachstörungen, Bewegungsgehemmtheit und zeitweiligen Gedächtnisverlust – fast überwunden. Er wird als Kapellmeister an das Nationaltheater nach Mannheim berufen, kurze Zeit später ans Großherzogliche Hoftheater in Darmstadt.

Aber Orff zieht es in seine Heimatstadt zurück. Schon 1919 ist er wieder in München. Zwanzig Jahre lang wird er nun in seinem Geburtshaus in der Maillinger Straße wohnen. Er komponiert und gibt Kompositionsunterricht.

Trotzdem bleiben auch die nächsten Jahre für ihn Lehrjahre. Er nimmt Kompositionsunterricht bei Heinrich Kaminski und studiert eifrig die Musik der alten Meister.

1923 begegnet Carl Orff der jungen Malerin und Schriftstellerin Dorothee Günther. Zusammen planen nun die beiden eine Schule, an der Musik und Bewe-

In das Spiel auf dem Metallophon vertieft

gung als Einheit verstanden und weitergegeben werden sollen.

Schon ein Jahr später eröffnen sie in einem Münchner Hinterhof-Atelier die ›Güntherschule für Gymnastik, Rhythmus und künstlerischen Tanz‹, die bald berühmt wird.

Kinder im Spiel auf dem Orff-Instrumentarium

Carl Orff ist für die Musikausbildung zuständig. Der 28jährige wendet sich nun ganz vom Theaterbetrieb ab und beschäftigt sich intensiv mit der musischen Erziehung von jungen Menschen.

Endlich kann er seine Vorstellungen von einer ganz neuen Art der Musikerziehung erproben. Er strebt eine

Verbindung von Musik, Sprache, Bewegung und Spiel an, schafft sich ein neuartiges Klangorchester, das die rhythmischen Elemente der Musik hervorhebt. Bei allen musikalischen Übungen geht Orff vom Rhythmus aus, der für ihn das Grundelement von Musik, Sprache und Bewegung darstellt. Deshalb bevorzugt er auch Instrumente des Schlagwerks, ein Instrumentarium, das von Kindern ohne große Vorkenntnisse zu handhaben ist.

1930 erscheint das Ergebnis seiner praktischen Arbeit mit diesem Orff-Instrumentarium als erste ›Schulwerk‹-Ausgabe, die später aber wieder zurückgezogen wird.

1948 ist die erste Schulwerksendung für Kinder im Münchner Rundfunk zu hören. Diese Sendung, in der auf eine ganz neue, einfache Weise musiziert wurde, hatte einen ungewöhnlichen Erfolg. Jeder begriff, daß es sich hier um eine Musik »ausschließlich für Kinder handelte, die von Kindern gespielt, gesungen, getanzt, aber auch in ähnlicher Art von ihnen erfunden werden konnte«.

Zwei Jahre später erscheint der erste Band des auf fünf Bände geplanten ›Schulwerks‹. »Musik für Kinder«, entstanden aus der Arbeit mit Kindern. Tanz- und Kinderlieder sind darin enthalten, Rufe, Sprüche und Reime, aber auch rhythmisch-melodische Übungen, Stücke, die gleichzeitig anregen sollen zum »phantasievollen Ausschmücken«, zum Weiterspielen und zum selbständigen Erfinden.

Auch für Orffs eigenes Schaffen gewinnen die musikalischen Ideen des ›Schulwerks‹ eine große Bedeutung. Eines Tages fallen dem 38jährigen lateinische, französische und deutsche Lieder einer Handschrift des 13. Jahrhunderts aus dem Kloster Benediktbeuren in die Hände. Es sind Trink-, Liebes- und Fahrtenlieder mittelalterlicher Studenten und Vaganten, deren Bildhaftigkeit und mitreißender Rhythmus ihn faszinieren.

Nach drei Jahren ist die ›Carmina Burana‹ fertig komponiert. Carl Orff schreibt an den Schott Verlag: »Alles, was ich bisher geschrieben und Sie leider gedruckt haben, können Sie einstampfen. Mit der ›Carmina Burana‹ beginnen meine gesammelten Werke.«

Tatsächlich hat Orff fast alles, was er vor 1935 komponiert hat, zurückgezogen. Zum ersten Mal tritt nun der unverwechselbare Orff-Stil zutage. Der Komponist setzt anstelle des üblichen Orchesters mit Streichern und Bläsern ein Instrumentarium ein, das von Klavier und Schlagwerk geprägt ist. So wird der Rhythmus zum wesentlichen Merkmal seiner musikalischen Sprache.

Carl Orffs Bühnenwerke gehören zu den bedeutendsten Kompositionen der Gegenwart. Orff orientiert sich dabei keineswegs nur an moderner Musik, er greift auch zurück auf frühere Musik, bis hin zum Mittelalter, ja bis zur Antike.

Er verarbeitet Märchenstoffe wie in der ›Klugen‹, der Geschichte vom König und der klugen Frau, und im ›Mond‹. Oder er bringt antike Gestalten auf die Bühne, wie ›Antigonae‹ und ›Oedipus‹.

Daneben beschäftigt sich Carl Orff mit urwüchsigen Volksstücken. Alles Ursprüngliche und Echte in Sprache und Musik interessiert ihn. Den Text zu seiner Oper: ›Die Bernauerin‹ schreibt er in altbayerischer Mundart. In seiner Weihnachtsgeschichte läßt er das Geschehen in bayerischem Dialekt vortragen. Wie lebendig und eindringlich wirkt das auf den Zuhörer!

Orffs Werke hatten von Anfang an in Deutschland Erfolg, weltweit bekannt wurden sie aber erst nach dem Zweiten Weltkrieg. Heute stehen Orff-Opern auf jedem Spielplan im In- und Ausland. Sein Schulwerk wird in vielen Ländern Europas und in Übersee erfolgreich angewendet.

Für seine Verdienste um die Musikerziehung unserer Zeit erhielt Carl Orff viele hohe Auszeichnungen: u. a. den Ehrendoktortitel der Universitäten Tübingen und München; außerdem war er Mitglied des Ordens Pour le mérite für Wissenschaften und Künste, Träger des Bayerischen

Maximiliansordens und des Großen Verdienstkreuzes mit Stern und Schulterband der Bundesrepublik Deutschland.

Carl Orff unternahm zahlreiche Vortragsreisen in verschiedene europäische Länder, nach Afrika, Kanada und Japan, um dort sein Schulwerk bekannt zu machen und zu erläutern. Sonst aber ist er München treu geblieben. Nur hier lebte und arbeitete er – als Musikpädagoge, als Leiter des Münchner Bachvereins, ab 1950 als Leiter einer Meisterklasse für Komposition an der Musikhochschule und als Mitglied der »Bayerischen Akademie der Schönen Künste«.

Seit 1975 schrieb er an der achtbändigen Dokumentation seines Lebens: ›Carl Orff und sein Werk‹.

Die letzten Jahre seines Lebens verbrachte der Komponist in Diessen am Ammersee.

Am 29. 3. 82 ist Carl Orff, fast 87jährig, gestorben.

Worterklärungen

Achtelnote — Notenwert; in einem 4/4-Takt befinden sich 8 Achtelnoten

Akademie — Ausbildungsstätte; Bezeichnung für verschiedene Hochschulen und Fachschulen in Deutschland

Akkord — Zusammenklang von mehr als zwei Tönen nach bestimmten Harmoniegesetzen (z. B. Drei-, Vier-, Fünfklang)

Akt — Handlungsabschnitt eines Bühnenwerkes, auch als Aufzug bezeichnet

Anschlag — Tonerzeugung auf Tasteninstrument; durch feine Abstufung des Fingerdruckes auf die Taste kann der gleiche Ton ganz verschieden klingen

Aristokratie — (griech.) Herrschaft der Edelsten, als Staatsform Herrschaft des Adels, der früher durch kriegerische und politische Tüchtigkeit zum bevorrechtigten Stand wurde

Arnstadt — Kleinstadt in Thüringen (Bezirk Erfurt)

Artillerie — militärische Truppe, früher nur mit einfachen Geschützen ausgerüstet

Band — (ital. banda = Musikkapelle). Banda bezeichnete ursprünglich eine Gruppe Musiker, die vorzugsweise mit Blas- und Schlaginstrumenten musizierten. Heute gilt der englische Begriff »band« als Bezeichnung für Musikgruppen der Unterhaltungsmusik

Baryton — Streichinstrument des 18. Jahrhunderts. Unter den 6–7 Streichsaiten liegen 9–27 Resonanzsaiten, die mit dem Daumen angerissen werden. Das B. wird beim Spielen wie das Violoncello gehalten. Heute wird es wieder vereinzelt gebaut, um die von Joseph Haydn für dieses Instrument komponierten Stücke spielen zu können.

Beethoven, Ludwig van (* Bonn 17. 12. 1770, † Wien 26. 3. 1827). Deutscher Komponist der Wiener Klassik. Einige Werke: 9 Sinfonien, 32 Klaviersonaten, die Oper ›Fidelio‹, Kammermusik

Blasebalg Ledersack zur Erzeugung eines Luftstroms. Bei der Orgel wird heute der Luftstrom nicht mehr durch Zusammendrücken und Auseinanderziehen eines Ledersackes erzeugt, sondern durch ein elektrisches Gebläse

Böhmen früher zur Donaumonarchie gehörend, heute Kernland der Tschechoslowakei

Bombardement (franz. bombarde = Geschütz des 15.–17. Jahrhunderts, franz. bombardement = Beschießung)

Bratsche (ital. viola da bracchio = Armgeige) deshalb wird die Bratsche mitunter auch Viola genannt. Die Bratsche hat die Form einer Geige, ist aber etwas größer als diese und eine Quinte (fünf Töne) tiefer gestimmt.

Britten, Benjamin (* Lowestoft/Suffolk, 22. 11. 1913 † Aldeburgh 4. 12. 1976). Zeitgenössischer englischer Komponist; Werke: 4 Opern, Ballett, Orchester- und Chorwerke

Brokat mit Gold- oder Silberfäden durchwirkter Stoff

Buxtehude, Dietrich (* wahrscheinlich 1637 in Oldesloe b. Lübeck, † Lübeck 9. 5. 1707). Deutscher Komponist, Zeitgenosse Bachs und dessen bedeutendster unmittelbarer Vorgänger; Werke: über 100 Kantaten, zahlreiche Orgelwerke

***C**ent* (lat. centum = hundert); kleinste amerikanische Münze = ein hundertstel Dollar; vergleichbar mit unserem Pfennig

Chère amie (franz.) liebe Freundin

Clavichord heute nicht mehr gebräuchliches Tasteninstrument; neben dem Cembalo wichtigstes Instrument zwischen dem 15. und 18. Jahrhundert. Im Ton zarter als dieses, da die Saiten durch Metallstifte, die sogenannten Tangenten, in Schwingung versetzt werden. Das Clavichord ist der Vorläufer des Klaviers (Flügels).

c-moll parallele Moll-Tonart zu Es-Dur, das heißt, es hat die gleichen Vorzeichen wie Es-Dur: b, es, as

Collegium musicum aus den collegica musica des 16.–18. Jahrh. hervorgegangene Vereinigung von Musizierenden, zur stilgetreuen Wiedergabe von alter Musik

***D**ebussy,* Claude (* St.-Germain-en-Laye 22. 8. 1862, † Paris 26. 3. 1918). Französischer Komponist des Impressionismus; Einige Werke: ›Pelléas et Mélisande‹ (Oper), Orchester-, Kammer- und Klaviermusik

Dissonanz (lat. dissonus = durcheinandertönend, nicht übereinstimmend) Verbindung von Tönen, die sich klanglich aneinander reiben, Spannung erzeugen und die nicht in einem Zusammenklang endet, sondern nach Auflösung drängt

Ditters von Dittersdorf, Karl (* Wien 2. 11. 1739, †Neuhof/Böhmen 24. 10. 1799). Wiener Komponist, Zeitgenosse Haydns; Werke: Orchesterwerke, Singspiele und Vorläufer der komischen Oper

Divertimento (ital.) = Vergnügen. Unterhaltungsmusik des 18. Jahrhunderts; besteht aus mehreren Sätzen heiteren, tanzartigen Charakters.

Doppelkreuz erhöht die Note, vor der es steht, um zwei mal einen halben Ton. Notiert wird das Doppelkreuz so: x. An den Notennamen wird jeweils ein -isis gehängt – also fisis

Dresden heute Großstadt in Sachsen (Deutsche Demokratische Republik); mit seinen prunkvollen Barockbauten früher eine der schönsten Hofstädte Deutschlands. Im Zweiten Weltkrieg weitgehend zerstört.

Dudelsack auch Sackpfeife genannt. Volksinstrument Schottlands, Irlands und der Bretagne; besteht aus einem ledernen Windsack, der durch ein Mundrohr angeblasen wird, einer Melodiepfeife mit Grifflöchern und einer oder mehreren Begleitpfeifen

Dukaten alte Goldmünze

Dvorák, Antonín (* Mühlhausen 8. 9. 1841, † Prag 1. 5. 1904). Tschechischer Opernkomponist. Werkauswahl: Oper ›Der Jakobiner‹, Kirchenmusik: ›Stabat mater‹, 9. Symphonie ›Aus der Neuen Welt‹

***E**ast Side*	Stadtteil von New York
Elektrisches Klavier	ein Klavier, das elektrisch betrieben wird; ein Spieler wird nicht benötigt
Etüde	(franz.) Übung, Studie. Ursprünglich Komposition zur Übung der Fingerfertigkeit und technischer Schwierigkeiten, später als Konzertetüden auch Vortragsstücke in der Öffentlichkeit (z. B. die 24 Etüden von Frédéric Chopin)
Exotisch	fremdländisch, fremdartig, von Übersee kommend
***F**-Dur*	Tonart mit einem B-Vorzeichen
Fiaker	zweispännige Mietkutsche; benannt nach Saint-Fiacre, einem Haus in Paris, in dem ein Vermittlungsbüro für Mietkutschen untergebracht war
Firlefanz	Torheit, Possen, Flitterkram
fortissimo	(lat.) sehr laut. Lautstärkenbezeichnung, Abkürzung: ff
Fuge	komplizierteste und kunstvollste Form der Musik; mehrstimmiges Musikstück, dessen Thema nacheinander von allen Stimmen der Instrumente vorgetragen wird (1. Durchführung). Erscheint das Thema in der Komposition erneut, sprechen wir jeweils von einer Durchführung. Zwischen den Durchführungen sind Zwischenspiele eingefügt, in denen Thementeile verarbeitet werden.
***G**arnison*	Heimatstandort militärischer Truppen
Gehrock	auch Bratenrock genannt; schwarzer, knielanger Herren-Oberrock (also eine Art Mantel) mit Schößen, die vorn übereinander gelegt wer-

den; im letzten Jahrhundert als Alltagsrock, heute nur noch zu festlichen Anlässen getragen

Generalmajor sehr hoher Offiziersrang

Genie (franz.) Bezeichnung für höchste schöpferisch-geistige Begabung, die, im Gegensatz zum Talent, neue Bereiche des Schaffens erschließt in Wissenschaft, Kunst und Technik

Goethe, Johann Wolfgang von (* Frankfurt 28. 8. 1749, † Weimar 22. 3. 1832), größter deutscher Dichter. Einige Werke: ›Faust‹, ›Egmont‹, ›Iphigenie‹, ›Die Leiden des jungen Werther‹, ›Götz von Berlichingen‹, ›Torquato Tasso‹

Gounod, Charles (* Paris 17. 6. 1818, † St.-Cloud 18. 10. 1893). Französischer Komponist; Einige Werke: Opern ›Margarethe‹ (nach ›Faust‹), ›Königin von Saba‹

Grammatikalklasse erste Gymnasialklasse in Österreich

Graz zweitgrößte Stadt Österreichs; Hauptstadt der Steiermark

***H**ändel,* Georg Friedrich (* Halle 23. 2. 1685, † London 14. 4. 1759). Deutscher Komponist des Barock; Werke: Opern, Oratorien wie der ›Messias‹, Feuerwerks- und Wassermusik

Harmonie (griech. harmonia = Einklang, Übereinstimmung) wohltönender Zusammenklang mehrererTöne

Harmonium Tasteninstrument; seine orgelähnlichen Töne entstehen durch freischwingende Metallzungen, die durch Luftzufuhr in Schwingungen versetzt werden. Die Luft erzeugt ein Blasebalg, der durch Pedale vom

	Spieler selbst betrieben wird. Das Harmonium besitzt wie die Orgel mehrere Register.
Haubitzgranate	(tschech. Haubitze = Steinschleuder) Geschoß eines Geschützes, das einer Kanone ähnelt
heidnisch	ohne Religionszugehörigkeit, also weder Christ noch Jude (so der christliche Sprachgebrauch)
Hochamt	feierliche Messe in der katholischen Kirche
Holler	umgangssprachlich für Holunder
Hünengrab	aus Findlingsblöcken hergestelltes Großsteingrab der Steinzeit
***i**mprovisieren*	die Kunst, auf einem Musikinstrument, aus dem Augenblick heraus, ohne Noten, frei zu phantasieren
instrumentaliter	alte Ausdrucksweise für instrumental
Internat	Heim für Schüler, in dem diese wohnen, essen und meistens auch unterrichtet werden
***J**azz*	Musikstil der Schwarzen, der sich um 1900 in den USA vor allem aus Spiritual (religiöser Gesang) und Blues (Volkslied) entwickelt hat. Im klassischen Jazz wird von den einzelnen Instrumenten frei über ein Thema improvisiert. Die Musik, die Noten, sind normalerweise also nicht notiert.
Job	(engl.) Arbeit, Stellung. Bei uns mehr Bezeichnung für Gelegenheitsarbeit
***K**aiser Joseph II.*	lebte von 1741 bis 1790. Seit 1765 Kaiser und Mitregent seiner Mutter

Maria Theresia; ab 1780 Alleinherrscher.

Kalesche leichter, eleganter, viersitziger Reisewagen mit halbem oder offenem Verdeck

Kamerun Republik in Zentralafrika; vor dem Ersten Weltkrieg deutsche Kolonie

Kaminski, Heinrich (*Tiengen 4. 7. 1886, † Ried 21. 6. 1946). Deutscher Komponist geistlicher Musik; Werkauswahl: Oper ›Jürg Jenatsch‹

Kammermusik Musizieren im kleinen Kreis (zu zweit = Duo; zu dritt = Trio; zu viert = Quartett usw.)

Kantate seit etwa 1620 Bezeichnung für ein mehrteiliges Musikstück, das aus Chorsätzen und Sologesängen mit Instrumentalbegleitung besteht. J. S. Bach schrieb kirchliche und weltliche Kantaten.

Kantilene getragen und ausdrucksvoll gespielte oder gesungene Melodie

Kapellmeister Leiter einer Kapelle. Unter Kapelle verstand man früher die im Chor einer Kirche aufgestellten Sänger; heute verwendet man den Ausdruck für eine Gruppe von Instrumentalmusikern.

Karikatur (ital. caricare = übertreiben). Verzerrende, übertreibende bildliche Darstellung von Personen, um diese lächerlich zu machen

Karosse (franz.) Prachtwagen, Staatskutsche

Karzer (lat. carcer = Kerker). Raum, in dem früher Schüler oder Studenten eine Strafe verbüßen mußten

Kauderwelsch spricht jemand, der Sprachen miteinander mischt; deshalb Bezeichnung für schwer verständliches Gerede

Klavierquintett kammermusikalische Zusammensetzung von Klavier und Streichquartett (1. und 2. Violine, Bratsche und Cello)

Konservatorium Musiklehranstalt zur Ausbildung in allen musikalischen Fächern

Kontrabaß größtes und deshalb auch tiefstes Streichinstrument, auch Baßgeige oder kurz Baß genannt. Die vier Saiten sind in Quarten (also im Abstand von vier Tönen) gestimmt. Der Konzertbaß hat noch eine fünfte Saite.

Konzert (lat. concertare = wettstreiten). Musikaufführung für ein Soloinstrument und Orchester

Köthen heute Kleinstadt im Bezirk Halle in der Deutschen Demokratischen Republik. Das Schloß von K. war bis 1847 Wohnsitz der Fürsten von Anhalt-Köthen.

Krasinski, Zygmunt Graf, lebte von 1812 bis 1859; dichtendes Wunderkind; einer der wichtigsten polnischen Dichter der Romantik

Kreuzer kleine Münze mit aufgeprägtem Kreuz; in Deutschland gültig bis 1871, in Österreich bis 1892

Kricket ein Schlagballspiel zwischen zwei Mannschaften (teams) von elf Spielern; hauptsächlich in Amerika, England und Australien gespielt

Krocket aus England stammendes Rasenspiel, bei dem von zwei Mannschaften abwechselnd eine Kugel mit Holzhämmern durch zehn Drahttore getrieben werden muß

Kujawiak	Tanz aus der polnischen Provinz Kujawien in ruhigem ¾-Takt
Lassus,	Roland, niederländischer Musiker; lebte ca. von 1530–1594, arbeitete einige Jahre in Italien, deshalb findet sich sehr oft sein italienischer Name Orlando di Lasso. L. war einer der genialsten Musiker seiner Zeit und der produktivste Komponist überhaupt. Er schrieb über 2000 Werke.
Legende	wundersame Erzählung aus dem Leben eines Heiligen oder Märtyrers; auch sagenhafte, unglaubwürdige Erzählung
Linz	Hauptstadt Oberösterreichs, an der Donau gelegen
Logis	(franz.) kleine Wohnung, Quartier; zeitweilige Wohnung
Maharadscha	(radscha = indischer Fürst). Der Maharadscha ist als Großkönig Herrscher über mehrere Radschas
Mähren	heute Teil der Tschechoslowakei, zwischen Böhmen und der Slowakei gelegen; früher zur Donaumonarchie gehörend
Malefizbub	(lat. maleficium = Übeltat); ein Junge, der etwas ausgefressen hat
Mallorca	größte Insel der spanischen Balearen, vor der Ostküste Spaniens gelegen
Manuskript	(lat. manu scriptum = mit der Hand geschrieben); eine für den Druck bestimmte Niederschrift
Marsch	(Musik, die das Marschieren unterstützen soll; dafür gibt es verschiedene Anlässe, z. B. Prozessionen, Trauerfeierlichkeiten, Aufmarsch

der Ritter usw. Der Marsch ist das Grundelement der Militärmusik. Er steht im geraden 4/4- oder 2/4-Takt

Märtyrer (griech.) Zeuge; nimmt für seinen christlichen Glauben den Tod auf sich

Mazurka polnischer Nationaltanz aus Masuren. Charakteristisch ist sein punktierter Rhythmus. Die M. ist ein Drehtanz im 3/4-Takt mit leichtem Aufstampfen auf dem 3. Viertel. Sie ging, wie die Polonaise, durch Chopin in die Kunstmusik ein.

Mendelssohn – Bartholdy, Felix (* Hamburg 3. 2. 1809, † Leipzig 4. 11. 1847). Deutscher Komponist der Romantik; Werkauswahl: 12 Sinfonien u. a. ›Schottische‹, Oratorien, Konzertouvertüren u. a. ›Sommernachtstraum‹

Mephistopheles kurz Mephisto genannt; Name des Teufels in den Faust-Dichtungen

Ministerpräsident Vorsitzender einer Landesregierung

Ministrant (lat. ministrare = dienen); katholischer Meßdiener

Moskau heute Hauptstadt der Sowjetunion, früher auch des Russischen Zarenreiches

Motette (franz. le mot = das Wort); mehrstimmiger Kirchengesang ohne Instrumentalbegleitung

Mozart, Wolfgang Amadeus (* Salzburg 27. 1. 1756, † Wien 5. 12. 1791). Bedeutendster Komponist im Übergang vom Rokoko zur Klassik; Begründer der Wiener Klassik. Einige Werke: ›Die Zauberflöte‹; ›Don Giovanni‹; ›Entführung aus dem Serail‹; ›Hochzeit des Figaro‹; Sinfonien, Kammermusik

Mühlhausen	Stadt in Thüringen, Bezirk Erfurt
Muhme	veraltet für Tante
Musikkorps	Armeeorchester
Mythologie	die Wissenschaft von den Mythen (Sagen und Dichtungen von Helden, Göttern und Geistern)
***N**estroy,*	Johann (* Wien 7. 12. 1801, † Graz 25. 5. 1862). Wiener Bühnendichter und Schauspieler
Nickel	amerikanisches Fünfcentstück
Nocturne	(franz.) Nachtstück; ursprünglich eine Art Serenade für Orchester oder Bläser oder kleines Orchester; später auch Bezeichnung für lyrische Stücke
Nohant	kleiner Ort in Frankreich, Landsitz von George Sand
Nymphenburger Schloß	Barockschloß in München
***O**boe*	Holzblasinstrument mit doppeltem Rohrblatt als Mundstück; näselnder Klang
Offizier	Soldat mit höherem Dienstgrad
Oheim	veraltet für Onkel
Ohrdruf	kleines thüringisches Städtchen
Oktave	(lat. octava = die achte); der achte Ton vom Grundton C aus gerechnet. (Tonleiter, die beim Grundton C beginnt und von da bis zum achten Ton reicht)
Oper	dramatische Handlung, die in Musik gesetzt ist, auf der Bühne dargestellt und mit Orchesterbegleitung gesungen
Opus	(lat.) Werk; als Werkbezeichnung in der Musik, erscheint meist abgekürzt als op. Das erste veröffentlich-

	te Werk eines Komponisten wird als op. 1 bezeichnet usw.
Oratorium	dramatisches Musikwerk religiösen Inhalts für Sologesang, Chor und Orchester, z. B. ›Die Schöpfung‹ von Haydn, ›Weihnachtsoratorium‹ von J. S. Bach
Orchesterpart	der Teil eines Musikstücks, den das Orchester zu spielen hat
***P**artitur*	die Niederschrift aller Instrumental- und Gesangsstimmen eines Musikwerks, in der die gleichzeitig erklingenden Noten übereinanderstehen; sie ist die Arbeitsgrundlage für den Dirigenten
Passion	(lat. passio = Leiden); musikalische Darstellung der Leidensgeschichte Christi ohne szenische Aufführung. Die bedeutendsten Passionen stammen von J. S. Bach (›Matthäus-‹, ›Johannespassion‹)
Pedal	(lat. pedalis = einen Fuß breit); in der Musik alle Vorrichtungen, die mit den Füßen bedient werden, z. B. bei der Orgel die Fußtastatur. Die Pedale des Klaviers dienen zur Verlängerung (rechtes Pedal) bzw. zur Dämpfung (linkes Pedal) des Tones.
Pekinese	auch Pekinghund; aus China stammender, kleiner, langhaariger Luxushund
Pocci,	Franz Graf von (* München 7. 3. 1807, † München 7. 5. 1876). Zeichner, Dichter, Musiker, schrieb Kasperlstücke und Puppenspiele fürs Marionettentheater, verfaßte und illustrierte Kinderbücher und komponierte Opern

Polonaise	polnischer Tanz im feierlichen ¾-Takt mit markantem Rhythmus. Ursprünglich höfischer Schreittanz; heute oft zur Eröffnung eines Balles getanzt.
Potpourri	(franz.) Mischmasch; aus verschiedenen Melodien zusammengestelltes Musikstück
Präfekt	(lat. praefectus = Vorsteher); früher der stellvertretende Dirigent
Präludium	(lat.) Vorspiel; instumentales Einleitungsstück ohne feste Form, besonders vor Fugen
Präsent	(franz.) Geschenk
Prélude	(franz.) Einleitung oder Vorspiel; die 24 Préludes von Chopin haben aber nicht mehr Einleitungscharakter, sondern sie sind vielmehr Charakterstücke
Produzent	(lat.) Hersteller, Erzeuger; hier: Hauptverantwortlicher und Geldgeber für ein künstlerisches Ereignis wie Film, Show oder Musical
Prozession	feierlicher kirchlicher Umzug in oder außerhalb der Kirche zu festlichen Anlässen
Psalm	(griech.) Gesang; die im Psalter des Alten Testamentes vereinigten religiösen Lieder des jüdischen Volkes. Die Psalmen wurden in die christliche Kirche übernommen und in Musik gesetzt.
Punsch	alkoholisches Getränk aus Wasser, Tee oder Wein mit Rum, Zitrone, Zucker und Gewürzen; meist heiß getrunken
Puschkin,	Aleksandr Sergejewitsch (* Moskau 6. 6. 1799, † St. Petersburg 10. 2.

1837). Russischer Dichter. Einige Werke: ›Eugen Onegin‹, ›Pique Dame‹

Ravel, Maurice (* Ciboure 7. 3. 1875, † Paris 28. 12. 1937). Französischer Komponist des Impressionismus; Einige Werke: ›Bolero‹, ›La Valse‹

Reclamheft der Reclam Verlag brachte und bringt bedeutende Literatur in preiswerten, handlichen Heften heraus

Reinken, Jan Adams (* Wilshausen/Elsaß 27. 4. 1623, † Hamburg 24. 11. 1722); hervorragender Organist, Vertreter der norddeutschen Organistenschule

Rhapsodie die im alten Griechenland von umherziehenden Sängern (Rhapsoden) vorgetragene Dichtung; in der Musik seit dem 19. Jahrhundert Bezeichnung für Instrumentalphantasien

Rimski-Korssakow, Nikolai Andrejewitsch (* Tichwin 18. 3. 1844, † Ljubensk 21. 6. 1908). Russischer Komponist; einige Werke: Oper ›Schneeflöckchen‹; ›Hummelflug‹

Rondo (lat. rondus = rund); ursprünglich Tanzlied, später ein Instrumentalstück, oft als Kehraus einer Sinfonie, einer Sonate oder eines Konzertes. Das Rondo besteht aus einem immer wiederkehrenden Thema (Refrain) und verschiedenen Zwischenspielen, hat also die Form A-B-A-C-A-D-A-E-A

Roosevelt, Theodor, von 1901–1909 Präsident der Vereinigten Staaten von Amerika

Rossini, Gioacchino (* Pesaro 29. 2. 1792, † Ruelle bei Paris 13. 11. 1868). Italienischer Opernkomponist; Werk: ›Barbier von Sevilla‹

Salut schießen (lat. salus = Gesundheit, Wohl, Heil) militärische Ehrenbezeigung durch Kanonenschüsse

Schalmei Holzblasinstrument mit doppeltem Rohrblatt als Mundstück; ursprünglich Hirteninstrument; Vorläufer der Oboe

scharwenzeln (tschechisch) sich dienernd hin- und herbewegen

Scherzo (ital.) Scherz, Spaß; Bezeichnung für Musikstücke heiteren, scherzhaften Charakters. Seit Beethoven tritt innerhalb der Sinfonie das Scherzo anstelle des Menuetts (3. Satz). Chopin betitelte vier seiner Klavierstücke so.

Schumann, Robert (* Zwickau 8. 6. 1810, † Endenich bei Bonn 29. 7. 1856). Deutscher Komponist der Romantik

Serenade (lat. serenus = heiter); Ständchen, ein mehrsätziges Stück für kleines Orchester, als Abendmusik im Freien aufgeführt

Sinfonie (lat. sinfonia = Zusammenklang); Orchesterwerk, das in seiner klassischen Form aus vier Sätzen besteht, meist in der Folge: Allegro (rasch) – Andante (gehend) – Menuett oder Scherzo – Presto (sehr schnell)

Sonate (lat. sonare = klingen); ein Musikstück für ein Soloinstrument mit Klavierbegleitung, auch für Klavier allein. Ist die Sonate für ein Instrument ohne Begleitung geschrieben, sprechen wir von Solosonate. Die

Form entspricht der der Sinfonie. Die kleine Form der Sonate heißt Sonatine.

Song — (engl.) Lied; bei uns Bezeichnung für anspruchsvolle Schlager

sozial — (lat. socialis = gesellschaftlich, kameradschaftlich); die Gesellschaft betreffend, gemeinnützig, hilfsbereit

Step — artistischer Tanz, bei dem der Rhythmus durch Schlagen mit Fußspitze und Hacke (in Schuhen mit Metallbeschlägen) hörbar gemacht wird

Streichquartett — Kammermusik für 4 Streichinstrumente z. B. 1. Violine, 2. Violine, Bratsche und Violoncello

Suite — (franz.) Folge; eine Folge von Tänzen gleicher Tonart, aber verschiedenen Charakters. Klassische Form: Allemande (deutscher Tanz) – Courante (franz. Tanz) – Sarabande (span. Tanz) – Gigue (engl. Tanz)

Tataren — ursprünglich Mongolenstamm, der sich mit der Zeit mit russischen und türkischen Völkern vermischte; heute in der Sowjetunion ansässig; meist Viehzüchter; hervorragende Reiter

Tedeum — (lat. te Deum laudamus = Dich, o Gott loben wir); hymnischer Lobgesang, von vielen berühmten Musikern vertont

Tenor — hohe Männerstimmlage

Terzett — Gesangsstück für drei Stimmen, meist mit Instrumentalbegleitung

Triller schlagen — einen Ton in schnellem Wechsel mit einem nächst höheren anschlagen

Türmer	Beruf früherer Zeiten. Der Türmer wohnte im Stadtturm, mußte die einzelnen Stunden abblasen und bei Gefahr (Krieg, Feuer usw.) die Einwohner durch Hornsignale warnen. Bachs Vater hatte als Türmer lediglich die Aufgabe, früh um zehn Uhr und abends um acht Uhr abzublasen.
Unterstand	Unterkunft am Rande des Schlachtfeldes
Vaganten	(lat.) die Umherschweifenden; fahrende Geistliche und Studenten des Mittelalters, die in ihren Liedern Freude an Spiel, Wein und Liebe, aber auch Kritik an der Kirche ausdrücken
Variationes	alte Ausdrucksweise für Variationen (lat. variatio = Veränderung); Abwandlung eines Themas in Melodie, Taktart, Begleitung usw., wobei das Thema aber immer erkennbar bleibt
Variété	(franz.) Mannigfaltigkeit; Bühnenshow, bei der Komiker, Artisten, Sänger, Zauberer und Tänzer auftreten
Verleger	Unternehmer im Verlagswesen; Eigentümer eines Verlages
Vespermusik	(lat. vesper = Abend); in der katholischen Kirche abendliche Gebetsstunde, auch Abendgottesdienst; die Vesper ist auch ein selbständiges Tonwerk im katholischen Gottesdienst. Sie wird zum Abendlob bei Sonnenuntergang gesungen.
Virtuose	Musiker, der sein Instrument meisterhaft beherrscht
Vize ...	Stellvertreter

vokaliter	(lat. vocalis = stimmbegabt) stimmlich, gesanglich
***W**agner,*	Richard (* Leipzig 22. 5. 1813, † Venedig 13. 2. 1883); einer der bedeutendsten deutschen Opernkomponisten; einige Werke: ›Der Ring des Nibelungen‹, ›Der Fliegende Holländer‹; ›Die Meistersinger von Nürnberg‹
Walzer	deutscher Rundtanz im ¾-Takt, mit Betonung auf dem ersten Viertel. Der Walzer entwickelte sich aus dem Ländler. Seine Blütezeit erlebte er im 19. Jahrhundert als Wiener Walzer.
Weber,	Carl Maria von (* Eutin 18. 11. 1786, † London 5. 6. 1826). Deutscher Opernkomponist; einige Werke: ›Der Freischütz‹, ›Oberon‹
Weimar	Stadt in Thüringen, berühmt geworden durch die Dichter Goethe und Schiller, die dort längere Zeit lebten
Wiener Hofburg	das ehemalige kaiserliche Schloß in Wien
Winterreise	24 meist düstere Lieder Schuberts, unter dem Titel ›Winterreise‹ zusammengefaßt
***Z**apfenstreich*	Trompetensignal als Zeichen der Nachtruhe für die Soldaten

Quellennachweis

I. Johann Sebastian Bach

Cherbuliez, A. E.; Johann Sebastian Bach. 1946

Forkel, J. N.; Über Johann Sebastian Bachs Leben, Kunst und Kunstwerke, 1802. Nach der Originalausgabe neu hrsg. von Müller-Blattau, 1925

Frank, H.; Johann Sebastian Bach. 1960

Gurlitt, W.; Johann Sebastian Bach. Der Meister und sein Werk. 1936

Neumann, W.; Auf den Lebenswegen Johann Sebastian Bachs. 1953, 4. verbesserte Aufl. 1962

Otterbach, F.; Johann Sebastian Bach, Leben und Werk. 1982

Paumgartner, B.; Johann Sebastian Bach. Leben und Werk, Bd. 1., 1950

Schweitzer, A.; Johann Sebastian Bach, le musicien poète. 1905. Erweiterte deutsche Ausgabe 1908–1976

Spitta, Ph.; Johann Sebastian Bach. 2 Bände, 1964

II. Joseph Haydn

Bardaud, P.; Joseph Haydn in Selbstzeugnissen und Bilddokumenten. 1960

Gesammelte Briefe und Aufzeichnungen. Hrsg. und erläutert von Dénes Bartha. 1965

Jakob, H. E.; Joseph Haydn. Seine Kunst, seine Zeit, sein Ruhm. 1952

Kobald, K.; Joseph Haydn. Bild seines Lebens und seiner Zeit. 1932

Ludwig, C. A.; Joseph Haydn. Ein Lebensbild nach authentischen Quellen dargestellt. 1867

Nowak, L.; Joseph Haydn. Leben, Bedeutung, Werk. 1951

Reich, W.; Joseph Haydn. Leben, Briefe, Schaffen. 1946

Robbins Landon, H. C.; Joseph Haydn. Sein Leben in Bildern und Dokumenten. 1981

Rutz, H.; Joseph Haydn. Dokumente seines Lebens und Schaffens. 1953
Selbstbiographie. In: W. Kahl, Selbstbiographie deutscher Musiker. 1948

III. Franz Schubert

Deutsch, O. E.; Franz Schubert. Die Dokumente seines Lebens und Schaffens. 1913–1914
Einstein, A.; Schubert. Ein musikalisches Portrait. 1952
Höcker, K.; Wege zu Schubert. Mit Briefen, Tagebuchauszügen und Berichten seiner Zeit. 1940
Jaspert, W.; Franz Schubert. Zeugnisse seines irdischen Daseins. 1941
Mies, P.; Franz Schubert. 1954
Schneider, M.; Franz Schubert in Selbstzeugnissen und Bilddokumenten. 1958
Schubert, Franz: Dokumente seines Lebens und Schaffens. Auswahl: Rutz. H. 1952
Schubert, F.; Franz Schubert in seinen Briefen und Aufzeichnungen. Erste geschlossene deutsche Ausgabe. Zusammengestellt und erläutert von H. Werlé. 1948
Spaun, J. von; Erinnerungen an Schubert. J. v. Spauns erste Lebensbeschreibung. Hrsg. von G. Schünemann. 1936

IV. Frédéric Chopin

Bourniquel, C.; Frédéric Chopin in Selbstzeugnissen und Bilddokumenten. 1959
Cherbuliez, A. E.; Frédéric Chopins Leben und Werke. 1948
Chissell, J.; Chopin. 1965
Chopin, F.; Briefe und Dokumente. Zusammengestellt von W. Reich. 1959
Cortot, A.; Chopin. Wesen und Gestalt. Deutsch von H. von Winter, 1954
Gautier, A.; Frédéric Chopin. 1967
Gavoty, B.; Frédéric Chopin. 1977
Guy, J.; Frédéric Chopin. 1956

Lavagne, A.; Chopin. 1969
Mayzner, T.; Friedrich Chopin. Das Leben eines großen Komponisten. 1949
Rehberg, W. und P.; Frédéric Chopin. Sein Leben und sein Werk. 1949

V. Sergei Prokofjew

Musik der Zeit. Hrsg. von H. Lindlar. Heft 5, 1953
Nestjew, J.; Sergei Prokofjew. 1962
Prokofjew, S.; Aus meinem Leben. Hrsg. von W. Reich. 1962
Streller, F.; Sergei Prokofjew. 1960

VI. George Gershwin

Armitage, M.; George Gershwin. 1957
Ewen, D.; George Gershwin. 1955
Longolius, Ch.; George Gershwin. 1959
Mingotti, M.; Gershwin. Eine Bildbiographie. 1958
Schipke, B.; George Gershwin und die Welt seiner Musik. 1955

VII. Carl Orff

Collaer, P.; Geschichte der modernen Musik, 1963
Gersdorf, L.; Carl Orff in Selbstzeugnissen und Bilddokumenten. 1981
Liess, A.; Carl Orff. 1955
Carl Orff und sein Werk. Dokumentation
I. Carl Orff, Erinnerung. W. Thomas. Der Weg zum Werk
II. Carl Orff, Lehrjahre bei den alten Meistern. 1975
III. Carl Orff. Schulwerk. Elementare Musik. 1976
Schäfer, W. E./Ruppel, K. H./Sellner, G. R./Thomas, W.; Carl Orff. Ein Bericht in Wort und Bild. 1955
Schmidt, H. W.; Carl Orff, sein Leben und sein Werk. 1971

Bildnachweis

Für die freundliche Überlassung des Bildmaterials bedanken wir uns sehr.
Seite 196 fotografiert von Karl Allinger, Orff-Schulwerk-Gesellschaft
Seite 14, 40, 57, 89, 116 Bärenreiter Bildarchiv
Seite 195 fotografiert von Peter Keetman im Studio Suse Böhm
Seite 179 Münchner Stadtmuseum
Seite 187 Orff-Archiv
Seite 127, 128, 133, 141 Piper Verlag

Klassiker der Jugendliteratur bei dtv junior

dtv junior 7151

dtv junior 7280

dtv junior 7372

dtv junior 70092

dtv junior 7100

dtv junior 7167